双升记:升值升职

姜 洋 著

上海财经大学出版社

图书在版编目(CIP)数据

双升记:升值升职/姜洋著. —上海:上海财经大学出版社,2020.9
ISBN 978-7-5642-3625-0/F・3625

Ⅰ.①双… Ⅱ.①姜… Ⅲ.①投资-通俗读物②成功心理-通俗读物 Ⅳ.①F830.59-49②B848.4-49

中国版本图书馆 CIP 数据核字(2020)第 146374 号

□ 责任编辑　杨　闯

□ 封面设计　张克瑶

双升记:升值升职

姜　洋　著

上海财经大学出版社出版发行
(上海市中山北一路 369 号　邮编 200083)
网　　址:http://www.sufep.com
电子邮箱:webmaster@sufep.com
全国新华书店经销
上海华业装璜印刷厂印刷装订
2020 年 9 月第 1 版　2020 年 9 月第 1 次印刷

710mm×960mm　1/16　6.5 印张(插页:2)　84 千字
定价:48.00 元

自　序

书名的灵感来自英国作家查尔斯·狄更斯的不朽名著《双城记》，明眼人一看便知。"这是最好的时代，也是最坏的时代。"狄更斯在此书开篇写下的这句话成了英国维多利亚时代的最好注脚。我们很难用好或者坏这样的字眼来定义我们如今的时代，如果硬要找一个词汇来描摹，似乎"飞速变化"最为贴切。21世纪只是刚开始了20年，但是能亲历其中的我们都能感觉到这20年的急速变化，尤其是2010年后以互联网关联技术对各行业、各领域的影响而引起的快速变化，让很多人都有沧海桑田之感：在2006年互联网上最火的是Web2.0，最知名的是Myspace，那时候没有微信也没有O2O，那时候互联网与传统行业仿佛两个世界各行其是，但今天我们已经从IT走到了DT时代，原来做什么都可以赚钱的企业老板们忽然发现不知道如何经营和吸引客户。2015年10月，Google公司研发的被称作"阿尔法狗"（AlphaGo）的人工智能在没有任何让子的情况下以五比零完胜欧洲冠军,继而于 2016 年 3 月大比分战胜了世界冠军,在全球引起广泛关注。新技术对于个体和组织管理的影响、改变让人有面目全非之感,云计算、大数据、智能制造及其他相关的技术已经在颠覆原有的个人生存模式和企业运营模式……

作为时代大潮裹挟下的一个渺小个体,我们每个平凡人的人生轨迹都有相似之处。与改革开放同龄的我,从东北来到"魔都"上海,然后在这儿扎根。从稚气未脱的学生,到两个孩子的父亲;从职场小白,到小有成就的"金融界人士",我感受到了时代的变化,也无比真切地感受到了自己的成长。钱钟书先生在《围城》中不无戏谑地说:上海这个地方好比希腊神话中的魔女岛,人来了是要变畜生的。这番描述曾经让我诚惶诚恐,虽然如今我仍旧是一个活生生的"人",但在薪桂米珠的上海,我还是始终保持了某些当年的初心。如今的我,总有一种表达的欲望,总想为自己留下一点什么,也想着为这个了不起的时代留下一点什么。"任何一个当代人欲写作 20 世纪历史,都与他处理历史上其他任何时期不同,不为别的,单单就因为我们身处其中……我以一个当代人的身份,而非学者角色,聚积了个人对世事的观感和偏见。"英国学者艾瑞克·霍布斯鲍姆的迟疑与畏惧我同样也有。我之所以敢于提笔写下本书的文字,只是想告诉朋友们,每个大时代背景下的个体,都是时代的一部分,都值得去书写与铭记。

加西亚·马尔克斯说,文字有一个极大的好处,它是水平和无限的,它永远不会达到某个地方,但是有时候,会经过朋友们的心灵。

这番话无比真切地表达了我此刻的内心。

姜洋

2020 年 6 月

目　录

自序/1

上篇：升值记/1

　　一、股票投资宝典/1

　　二、投资持有中外一线二线城市住宅/24

　　三、适量配置美元/36

　　四、配置部分保险/40

　　五、配置部分黄金/44

　　六、投资自己才有未来/45

下篇：升职记/47

　　一、初到南方/49

　　二、初涉职场/50

　　三、研学相长/56

四、再涉职场/63

五、小露锋芒/76

六、历练成长/82

七、经验总结/89

八、重新启航/91

九、整装待发/93

后记/98

上 篇

升值记

现代社会,随着资产和收入的不断增加,普通民众对资产的升值需求越来越大,但是却很少有人懂得如何做好大类资产配置,很多老百姓被各种骗局骗得苦不堪言,尤其是近几年的P2P、股灾、原油宝等事件,笔者对此深感痛心。因此,为了分享笔者多年的金融从业和投资经验,特意把多年经验总结成书,供大家参考。

在所有大类资产配置里,股票、房子是最主要的,其他大类还包括美元、黄金、保险等。笔者先来谈谈股票投资,这是笔者的本职工作领域,笔者有十四年的从业经验,经历了三次大牛市,四次大熊市,可谓是股市一年,人间十年,历经沧桑。

一、股票投资宝典

1. 投资股票最重要的一条原则就是"止损":"止损"是投资长寿的重要手段

虽然这个话题很多人谈过,但笔者发现仍然有很多人不了解、不熟悉、不重视,以致股灾发生时很多人损失惨重,甚至付出了生命的代价,可谓教训深刻!

"止损"的逻辑从数学上很好理解,因为如果本金亏10%,只要涨11%就可以回本,但本金亏50%就需要涨一倍才能回本,亏 90％就需要涨 10 倍才能回本。有的人一生也遇不到一次全仓涨 10 倍的股票,也就意味着一旦他某次全仓遇到股灾亏 90％就几乎没有机会回本了。比如 2008 年全球金融危机很多个股跌 90％甚至更多,又比如 2015 年股灾,亏 90％以上甚至爆仓亏光。

有的人反驳说也许他的股票好,割肉后如果大涨就再也没机会赚回来了,如果亏得多就留给子孙后代。可是,人生有几个十年啊！如果投资是为了套牢留给后代,为啥不让后代自己去投资呢？过去二十多年人民币对内购买力贬值多少？如果当时的钱去买房子,至少涨 20 倍,可是你的股票却才解套,实际上还是巨亏啊！

一般情况下,股市底部时很少人能满仓持有待涨,大部分人是边涨边加仓,甚至高位融资,所以下跌时往往都是满仓下跌,在投资生涯中只要遇到一次大股灾,往往就是灭顶之灾,比如国内 2008 年、2015~2016 年和 2018 年三次大的股灾,还有 2020 年第一季度国外因为新冠病毒和油价暴跌引发的股灾。所以总市值一旦回撤 10％必须止损,这样才能保留住大部分利润,躲掉后面的暴跌。即使止损完没有暴跌,最多就是少赚钱,不会亏钱。

所以从概率的角度来看,每次止损绝对可以躲过所有小概率的"黑天鹅"事件,从而保证投资者长期活下去。

又有人质疑,如果止损完又大涨怎么办？这简单啊,再重新进入股市就好了。这是两件独立的事件,不可混为一谈。

所以止损永远是正确的！

举个美股案例来说明止损的重要性。

美股"航美传媒"是某位朋友2014年11月开始买的,以2元成本买了12.5%仓位,然后跌了4个月,跌到1.8元。直到2015年4月7日成交量放大10倍、涨5%,这位朋友意识到可能有利好,但没敢加仓,结果4月8日最高暴涨80%,收盘涨38%。这时这位朋友确定它会有利好,但还不知道具体是什么,他赶紧在4月9日加仓到接近一半仓位,成本3元左右。

持有到4月24日左右,接近4.7元开始减持一部分,4月29日突然公布利空,说是美国律师告公司造假,当天暴跌11%,这位朋友在4.5元全部卖光。此时收益率50%多。

后来几天果然继续暴跌16%,但公司公告说指控是无中生有。这位朋友就在5月11日买回,成本也是4.5元附近,而且是把其他所有美股止损全部进了航美传媒,随后大涨到6月3日,这位朋友在6月4日开始卖光,6.98元左右,收益率55%左右。

这位朋友就一直等它回调,等了7个交易日一直横盘,而且缩量。这位朋友感觉不妙。但6月12日突然放量拉升6%,这位朋友误以为新一波拉升开始,在7.2元左右进了45%的仓位。6月15日公司公告利好,开盘股价7.62元,这位朋友没卖,两分钟内暴跌6个百分点(按上一交易日收盘价7.26元计算)到6.82元左右,这位朋友开始止损,市价委托,但美股系统太慢,直到跌8%(6.68元)时才成交,后面迅速跌20%到5.8元附近。这位朋友又开始抄底,仓位15%,成本5.9元,因为不确定是否稳定。

6月16日一开盘就跌,这位朋友马上又止损,5.75元割肉出局,损失很少。6月17日开盘继续暴跌,收盘跌18%到4.63元。6月18日跌24%到3.53元,四天跌了51%。6月19日,公司宣布私有化,涨42%到5.01元,仍然远低于卖出价格。

但很多人已经倒在了6月18日,如果能在6月15日就止损,不但没有损失还有利润。到了2020年7月底,航美传媒(后改名悦航阳光,代码为ANTE)股价0.83美元,最低价到过0.18美元,最重要的是几乎没有成交量了,每天仅仅几万股,等于完全死了。

很多人还记得2015年6月15日是中国大跌开始的日子吧,很多人没有止损,止损完还去抢反弹,结果损失惨重。笔者那时提醒了身边很多投资者朋友,可是在那个疯狂的时候,又有几个人会听呢?笔者当时很难受,真希望时间可以重来,逼他们止损。欣慰的是,还是有一些朋友听了笔者的建议止损了,避免了爆仓。

投资最重要的原则:总市值回撤10%一定要止损,这点非常重要;在下跌途中,坚决不能抢反弹。

2. 股市三种状态下的操作策略

2015年在中国股市历史上注定是最精彩、最残忍和最有意义的一年,因为它在一年的时间里浓缩了2007年大牛市、2008年大熊市和2009年反弹震荡市。它把人性贪婪和恐惧的弱点在极短的时间内暴露无遗。

以 2015 年的中国股市作为分析范本,笔者分析在三种状态下的操作策略,供投资者参考,在今后的股市投资生涯中提高胜率。

(1)大牛市

从 2015 年 1 月 5 日开始以创业板为代表的中小市值股票开始了大涨之旅,如果开始一个月大涨 14.2% 还看不出是大牛市,那么看看 2014 年创业板指数才震荡上涨 12.8%,但是在 2015 年的前两个月 K 线就是连续两根大阳线突破了大箱体,按照趋势投资理论,这就是大牛市了!投资者应该采取什么策略呢?投资者应该在 3 月初重仓甚至满仓追强势股甚至涨停板的个股,一直持有到趋势结束。

创业板月 K 线如图 1 所示。

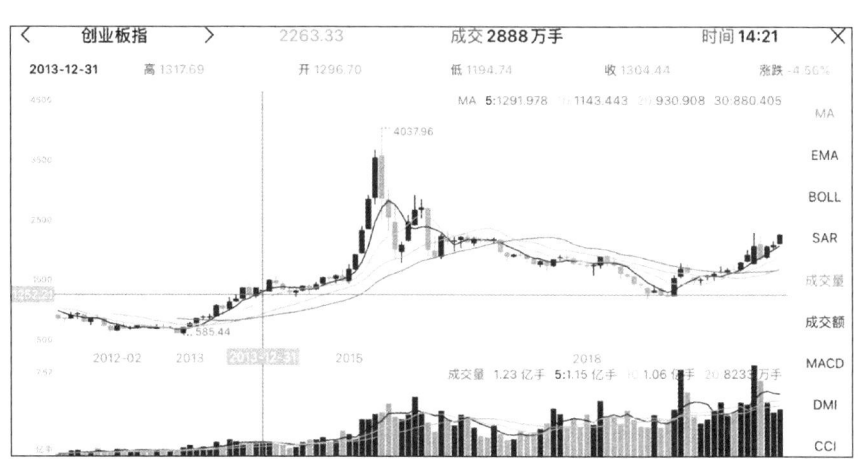

注:竖线是 2013 年 12 月的月 K 线。

图 1　创业板月 K 线

(2)大熊市

有朋友要问,怎么才能知道趋势什么时候结束呢?抛开标志性事件、行为金融学等提示,我们单纯从 K 线图也能分析出趋势什么时候逆转。

大家看图 2 创业板周 K 线,最开始大跌的周 K 线是 2015 年 6 月 15 日到 6 月 19 日那周,跌幅 14.99%。别忘了前面提醒的投资最重要的原则:总市值回撤 10%一定要止损清仓;在下跌途中坚决不能抢反弹。

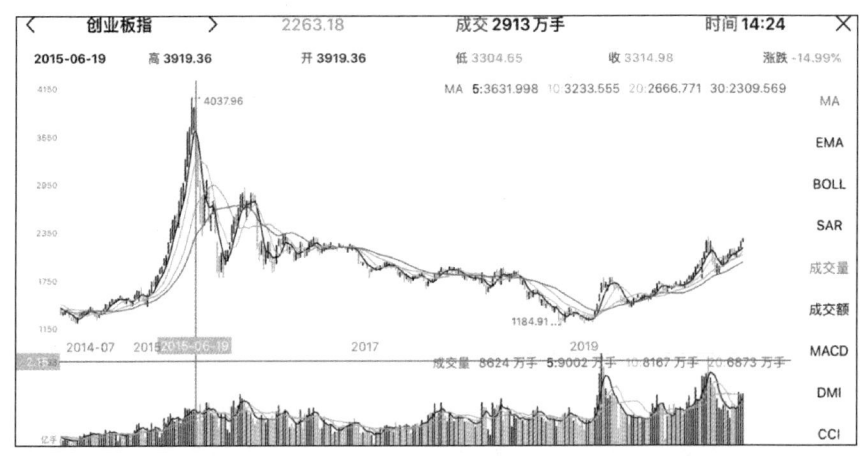

注:竖白线是 2015 年 6 月 15 日到 6 月 19 日那周的周 K 线。

图 2　创业板周 K 线

笔者相信在那周创业板指数都跌 14.99%的情况下,个人持股总市值的回撤不会低于 10%。没有严格执行上述操作纪律的投资者,在随后的三周和 8 月 17 日到 9 月 2 日那三周时间里肯定度日如年,备受煎熬。一想到这里,笔者就非常难受,脑海中会出现明代才子杨慎的诗句：

"滚滚长江东逝水,浪花淘尽英雄。是非成败转头空。青山依旧在,几度夕阳红。白发渔樵江渚上,惯看秋月春风。一壶浊酒喜相逢。古今多少事,都付笑谈中。"

在历史的长河中,得失成败都不值一提。

世界上没有比生命更珍贵的东西了,没有必要执着于股票的成败得失,在失败时记得多陪陪家人。

(3)反弹震荡市

从2015年9月7日到9月30日的反弹是超跌大反弹,在一个区间震荡,没有大涨催化剂,也不能确定是否还有第三次暴跌,这时投资者的操作策略应该是轻仓参与反弹,根据情况随时撤退。

但国庆放假期间外国股市大涨,笔者当时判断2015年10月8日开始中国股市会借此强烈反弹,但幅度和时间都无法确定。这时投资者的操作策略应该是初期重仓参与反弹,设置好止盈线,达到目标利润后退出,再根据当时股市情况相机决策。反弹越到后期,越没必要恋战,投资者应该控制仓位,降低风险。很多人就是在12月份回吐了反弹的利润,教训深刻。

投资者经历过2007年大牛市、2008年大熊市和2009年反弹震荡市,没想到在2015年的一年内再次全程经历了一遍！此刻笔者总结经验教训如下。

大牛市:确认大牛市后,重仓甚至满仓追强势股甚至涨停板的个股,一直持有到趋势结束。

大熊市：总市值回撤10%一定要止损清仓；在下跌途中坚决不能抢反弹。

反弹震荡市：确认反弹的初期重仓参与反弹，设置好止盈线，达到目标利润后退出，再根据当时股市情况相机决策。反弹越到后期，越没必要恋战，应该控制仓位，降低风险。

3. 研究股市的估值高低

2016年1月21日证监会副主席在达沃斯论坛用英文接受采访，对股市有关的看法被国内媒体报道为"中国股市估值仍过高"，当天下午股市跳水，结果没有考证过消息真伪的股民就抱怨是发言引发了跳水。

实际上2016年1月21日下午的跳水完全是被港股跳水带下来的，那时证监会副主席还没有发言，加上某大银行出现了大额票据诈骗，各家银行为了控制风险收紧了流动性导致资金紧张。且不论副主席是否说了"中国股市估值仍过高"这句话，股市的涨跌有自身的规律，绝不会因为某个人言论而改变。

那么笔者要来个"灵魂"拷问：中国股市的估值到底贵不贵？

看看2015年股灾那年，截止到2015年底，上证平均市盈率17.63倍；深证全部平均市盈率52.75倍，其中中小板68.06倍，创业板109.01倍。

截至2015年底，美国道琼斯工业指数、标普500和纳斯达克指数的平均市盈率分别是18.25倍、21.7倍和31.13倍。

2015年底中国和美国股票市盈率对比如图3所示。

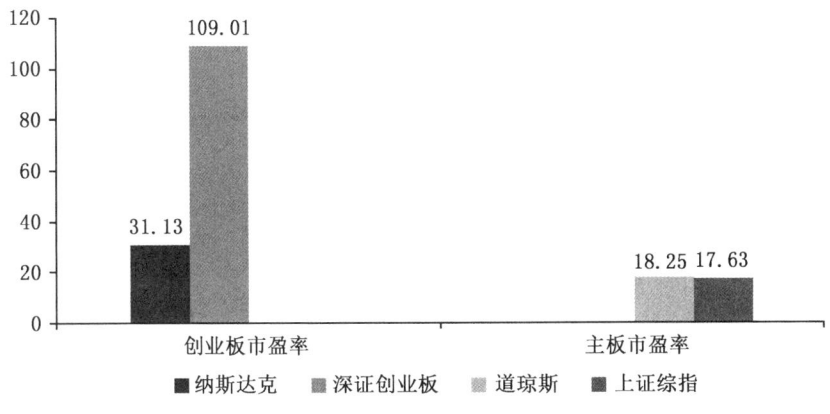

图 3 2015 年底中国和美国股票市盈率对比

中国是新兴市场国家,股票估值比美国成熟市场高一些是合理的,但中国创业板的估值比美国纳斯达克高太多,已经无法用新兴市场和成熟市场的差别来解释。

到 2020 年 7 月底,经过 4 年多的震荡下跌和反弹,A 股上证平均市盈率 15.58 倍;深证全部平均市盈率 32.66 倍左右,其中主板 20.64 倍,中小板 35.63 倍左右,创业板 60.17 倍左右。估值虽然比 2015 年底回落,但仍然很高,而且这种风险释放的代价是广大股民的亏损!如果盈利在 2020 年大幅下降,那么估值会再次高估。由于全球病毒肆虐,经济全面停滞,2020 年盈利大幅下降甚至亏损都是预料之中的,估值会继续高估。

4. 提防并购骗局

2016 年 6 月 7 日,证监会并购重组委公告:暴风科技并购方案被否,包括稻草熊影业。6 月 24 日,唐德影视公告放弃收购无锡爱美神，转而出资3 000万元与之共同成立合资公司，其中唐德影视占股49%，爱美神占股51%。

至此，发轫于华谊收购东阳浩瀚的"明星收购案"极有可能就此收尾，监管层终于发现其中的猫腻了！

爱美神成立于2015年7月30日，注册资本300万元，成立时间未满一年，预计收购爱美神的整体估值约8亿元。一个成立不到一年的空壳公司就想卖8个亿？想象力真够丰富的！

散户本来就是股市里的弱者，以前被庄家收割，后来被上市公司或大股东造假坑，但都还比较隐蔽，哪像现在某些明星这么明目张胆！

中国明星的地位之高已经世所罕见，可以容忍他们犯错，容忍他们坏脾气，还给他们高额回报。他们中的少数人不但不多考虑回馈社会，甚至还想方设法坑人，真可谓白眼狼！

还好监管层在逐渐进步，终于发现其中的猫腻了！以前散户敢怒却无地发泄，这次监管层终于替天行道，只有如此，以后股市才会越来越健康。

经过几年回头再看2016年的暴风集团，那时的股价还有60多元，2020年7月底则只有1.48元，已暂停上市，坑了多少无辜的投资者！所以睁大眼睛观察并购骗局非常重要！

5. 次新股的风险：涸泽而渔，杀鸡取卵

2016年6月29日，交易所把很多涨幅巨大的次新股停牌，要求公司核查，这是对炒作次新股的一次集体警告。

笔者对炒作次新股的行为形容为涸泽而渔,杀鸡取卵。

A股历来喜欢炒作,题材股、概念股、重组股,后来开始炒作次新股。为什么呢?因为老股历史上套牢盘众多,抛压沉重,炒作资金不愿意为他人做嫁衣,只好把目光投向了"新人"。在新股刚上市时,换手率会比较大,炒作资金就可以拿到充足的筹码进行拉升,上面又没有套牢盘,不担心有人打压。同时散户愿意跟风追涨,就形成了皆大欢喜的局面。

但这种惊人涨幅,基本上透支了新股的所有未来。比如暴风科技,已暂停上市。要么是发行制度有严重缺陷,发行价严重低估公司的价值,要么是二级恶意炒作股价,严重透支公司的未来。笔者判断是后者的概率大些。

这样造成的恶果就是逼迫散户追涨,然后在下跌中完成出货,套牢新一批韭菜,就像2007年的中石油一样,投资者至今无法解套,当时的媒体和研究机构对中石油都是极力吹捧。你说散户有错也对,毕竟明知山有虎,偏向虎山行,但是完全可以把老虎关起来,而不是放纵老虎在山上横行,因为总有人过山,就会造成伤害。

股市虽然如丛林,适者生存,但现代资本市场毕竟进步了,保护中小投资者是首要责任,他们为股市交易提供充足的流动性,打压了他们,长期来看只会让股市变成死水,大资金也会因为无法退出而死在股市。

炒作一个新股,就堵死一个公司股价未来发展空间,以后谁还会做价值投资?公司的管理层也没有动力长期发展公司。如果都是短期投机,巨大的交易成本会不断消耗存量资金,恶劣的股市环境无法持续吸引新资金入市,长期熊市就是必然的结局。

6. 股市"脱实向虚"危害大

这几年股市总体偏弱,但有些板块或者概念曾经风生水起,各领风骚一阵子。

比如 VR、供给侧改革、PPP、精准医疗、区块链、量子通信等等。资本市场鼓励创新没错,但也不能瞎忽悠吧。很多概念可能完全没有任何营利前景,就是一阵风,风吹完了,猪也从天空上摔死了。

股市在 2015～2016 年经历了三次股灾后,投资者选股上有了一些进步,部分股票回归到投资的核心:盈利和增长。翻开历史上的长期大牛股,大部分是靠盈利和增长取胜的。从长期来看,往往是专注于发展主业的龙头公司更经得起考验,持续出色的业绩是这些大牛股的一大共同特点。

当然,这种类型股票只适合长期资金,短期资金喜欢投机概念性的股票。2015 年开始的股灾就是短期投机资金太猛烈,再加上高杠杆,没想到玩"嗨"了,反受其害。

如果股市长期鼓励劣币驱逐良币,好的上市公司也会逐渐沦落,坏的上市公司更加肆无忌惮造假和玩概念。长期投资者会逐渐退出股市,只留下大部分投机博弈的投机客,不利于股市长期健康发展。所以股灾的洗牌也是必要的,希望去伪存真!

7. 政策风险仍是股市重要的系统性风险

2016年12月3日的周末，投资圈流传了管理者的讲话，市场预期周一举牌股大跌。周一格力跌停、中国建筑逼近跌停、伊利大跌6%以上，等等。

笔者观察过上证周线七连阳，这可是自从2015年股灾之后绝无仅有的，一旦调整必将惨烈，但没想到是以管理者讲话批评"野蛮人"的方式开始。

所以说政策风险仍是重要的系统性风险，因为完全不可预知、不可控。2015年股灾发生的导火索也是一刀切去杠杆，疾风骤雨，市场来不及消化。

顺便提一下房地产市场，2007年房价就已经大涨，2008年碰到金融危机，房价开始松动下跌，彼时完全可以顺势而为，但是之后，房价又开始了新一轮的大涨。全国房地产投资大幅增加，尤其是三四五线城市房地产库存大幅增加。但2012年一线城市又开始限购，成交萎靡，持续到2014年底。

为了刺激经济，政策提出了去库存的口号，于是2015年3月份一线城市开始放松限购限贷，房价开始大幅反弹，以深圳为代表，随后扩散到全国一二线城市，2016年9月份达到了高潮。2016年10月份全国20多个城市又开始了最严厉的调控政策，成交量开始大幅萎缩！

投资者没有稳定的预期，自然丧失投资信心，实业凋零，令投机盛行，完全是上有政策、下有对策。2016年8月份还叠加了外汇贬值预期,资本更加夺路而逃。

要想经济长期稳定增长,政策必须保持稳定性,长期稳定的预期才能带来持久的增长!

8. 趋势投资的应用

2016年12月,创业板周K线在一个窄幅空间横盘已经14周,12月5日从2 200点左右开始破位,除非有很强的利好扭转这种颓势,否则建议回避创业板,尤其是讲故事的公司。如图4所示。

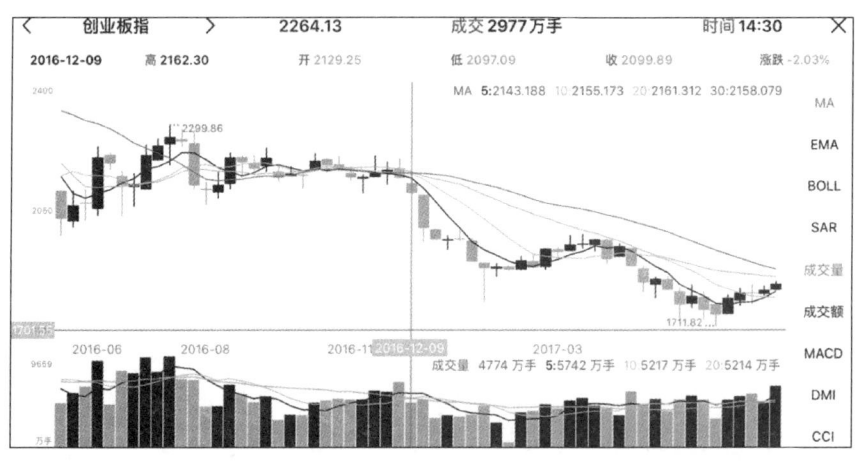

图4 创业板周K线

笔者是信奉趋势投资理论的,在趋势已经明朗的情况下,就得遵循趋势。做投资不能先入为主,一定要尊重市场的选择,上周周K线破位后,市场重新回到下跌的趋势中,投资者就必须面对现实,谨慎对待。不要幻想反弹,反弹就要减仓,而不是抢反弹!

在上证指数没有破位的情况下,创业板为什么会破位呢?其实是一种欺骗模式的破产。众所周知,过去几年创业板公司大干快上,产生了巨大的泡沫,很多公司没有脚踏实地搞创新,而是讲概念、讲故事,诱骗投资者。在资金炒作的支持下,股价不断创新高,确实蒙蔽了很多投资者。但终究隐瞒不了不断亏损、资金链断裂,一旦原形毕露,被投资者抛弃也就不奇怪了,典型的案例是乐视。

还有一种可能,很多大资金在炒作蓝筹股,创业板流动性差,不适合大资金自由进出,自然被抛弃了。

以上是2016年年底的判断,现在再来看看之后几年的创业板指数,最低跌到2019年1月份的1 200点左右,足足暴跌45%!虽然之后一年半震荡反弹到2 800点附近,但不知道这下跌的过程中多少人损失惨重。

再来看一下笔者在2020年7月1日在公众号"姜阳汇"上公开发表的观点:"下半年可以积极参与股市,配置一些市值较低的中型券商,尤其是银行背景的券商。或者配置券商ETF基金,以及上半年滞涨的沪深300ETF基金。"接下来一周多,券商板块和指数都连续大涨,就是因为笔者看到了光大证券三连阳和指数连续数月阳线,形成了趋势。

9. 熊市要离场

由于贸易摩擦的原因,笔者看到了风险,并且在2018年5

月17日公众号"姜阳汇"上撰文提示股市风险。

结果从2018年5月17日到2018年7月5日,上证综指跌幅达到13.3%,深成指跌幅达到16.6%,创业板指数跌幅16%,个股闪崩的案例大幅增加。种种迹象表明,当时的股市已进入熊市。

很多人谈有多少股票已经破净、破发,市盈率多低多低,股市见底了。但这些指标在几个月前就出现过了,很多股票在几个月前就创了历史新低,可是这几个月还不是照样创新低?熊市没有最低,只有更低。

因为外界条件已经发生了变化,投资者不能刻舟求剑。以后可能会出现很多中小企业破产和失业。还有一系列风险因素都在积聚,股市不过是替罪羊,投资者最先抛售的就是流动性最好的股票。

既然是熊市了,就要做好熊市的准备,熊市不建议抄底,这些年抄底的投资者很多,最后能赚钱并留下利润的有几个呢?

飓风之下,伏草唯存!

10. 熊市反弹只能短暂参与,而且仅限于短线高手

2018年10月22日高层纷纷发言支持股市,上周五就开始反弹,周一继续大幅反弹,以示对领导们发言的支持。

给投资者的建议:熊市会有反弹,之前仓位重的可以在大反弹2—3天时开始降低仓位,越涨越减;之前空仓的投机者,则可以根据自己的能力"抢帽子"。

11. 熊市反弹尾声时要快速离场

笔者在2018年11月19日公众号"姜阳汇"上写了文章《反弹接近尾声》。

但是现在龙头股票已经上涨乏力,最近140多家上市公司解除或者降低质押比例,符合创业板创出历史成交的天量,政策的初步目的已经达到,指数没必要突飞猛进了。

再加上从技术指标来看,创业板月线七连跌后迎来了一个月的反弹,修正了超跌指标,现在触碰了五月均线的压制,这是很强的压力线。

因此,从投资性价比角度考虑,目前如果已经大幅减亏或者盈利,投资者应该开始暂时离场观望,等待后续确定性出现再考虑是否重新入场或者一直观望,二次探底的风险不可不防!

结果上证和深证指数在2018年12月再次大跌,直到2019年1月底才真正见底。

12. 分清反转和边际改善

2019年1月15日,自从央行降准释放资金和中美重新开启贸易谈判以来,股市回暖了不到两周,在伪5G妖股东方通信暴涨的带动下5G板块反弹,酒类的茅台也从低点反弹30%,一切看起来都很美好。

乐观情绪的朋友在增加,熬过寒冬的一些朋友开始乐观了,那些没熬过寒冬的投资者已经不发声了。不过历史上春节前股市都不算太差,不知道这个规律是否继续奏效。笔者提示过股市2019年总会有反弹的,最重要的是面对反弹的策略,到底是全面看牛市重仓还是谨慎中低仓位参与博反弹?笔者还是倾向于后者,毕竟熊市的根本原因还在,只是预期的边际改善,如果重仓参与,就很难轻松进退了。仓位重会导致投资的心态变差,就很难做好投资。

笔者最爱看的美剧《权力的游戏》里面最常见的一句话就是"winter is coming",异鬼横行。那些造假、违约、疯狂减持套现、有股权质押爆仓风险的上市公司就是股市里的"异鬼",不消灭它们,股市的春天还得等。

13. 反弹做最热的板块,并在趋势结束时及时退出

笔者2019年2月15日公众号"姜阳汇"上写了一篇文章《谈一谈合法的工业大麻》:

大麻按用途可分为工业大麻和毒品大麻。

美国2018年农场法案对此做了清晰定义,工业大麻就是四氢大麻酚(THC)含量不超过0.3%的大麻植物,包括其提取物、大麻素和衍生品等。工业大麻主要以大麻二酚(CBD)成分为主,科学研究证明,CBD具有致幻的作用,且不会上瘾。根据Brightfield Group预计,全球CBD产业价值在2019年将达到57亿美元,到2021年将达到181亿美元,尚处于发展初期。

而普通的毒品大麻往往THC含量在5%—20%之间,甚至可以高达25%—30%,THC是毒品大麻中主要的致幻成分,被大多数国家禁止。在美国联邦层面,毒品大麻目前仍然是非法的,即便毒品大麻提取的CBD也不合法,而现在美国联邦层面合法化的是工业大麻以及从工业大麻中提取的CBD。

合法的工业大麻的应用主要是两个:第一个是工业用途,主要是制作麻绳;第二个是医疗用途,CBD用于制药可对许多疾病有本质改善(厌食症、艾滋病、癫痫、帕金森、脑部肿瘤等)。欧美发达国家已经有相关终端产品(药品、保健品、化妆品)在市场销售。CBD油是从大麻中萃取的天然成分,现在已经能在全美五十个州合法使用,并且可以出口到包括中国在内的40个国家,CBD油可以普遍用于营养品、护肤品、普通饮料和功能性饮料之中。这个用途市场空间巨大。

工业大麻就是绿色的金子——工业大麻每公顷收益超过玉米之类的普通作物很多。工业大麻的天敌也比较少,所以基本不需要喷洒昂贵的杀虫剂。据测算,中国合法商用工业大麻种植面积已占世界一半左右。在政府支持与历史传统的影响下,中国成为工业大麻生产与科研大国。

A股中2月份当时相关的公司只有1—3家,其中一家SHGF获得了种植的牌照(2019年1月30日之前)。

此文写后两个月内SHGF大涨2.5倍,可见做强势行业的龙头多么重要。当然,这种还是题材股,在趋势反转后就要及时退出投资。经过1年多的调整,又跌回原点了。所以说题材股只适合短线反弹,不适合长期投资。

14. 投资者还要懂得及时止盈

笔者曾经建议投资者在 2019 年底兑现收益，预防中短线风险。

逼近 2019 年 12 月份，笔者看了一下三大指数：上证综指自从 5 月份起月 K 线就一直被压制在 30 月均线之下，始终无法突破。但 2019 年一些行业及个股还是创了新高，可见分化之严重。而深证成分指数只是勉强在 30 月均线之上，这还是在月 K 线四连阳的基础上。创业板指数最强，月 K 线已经六连阳，最近两个月都在 30 月均线之上，但创业板月 K 线六连阳已经创了纪录，上一次 2015 年大牛市也不过是五连阳，随后就出现大幅回调。

凡事发展过程都要警惕物极必反，跌得过分多了会有反弹，但创业板连续上涨的月份创了纪录也要提防随后几个月的回落风险，也许指数跌不了太多，但个股就不好说了。尤其是那些指数反弹时并没有表现好的小股票，在回调时往往会更猛烈。

一些投资者以前持有的小股票亏损很大，但没有早日止损，亏损越来越大。但对于今年获利很丰厚的资金，完全可以先兑现部分盈利，学会止盈，观察几个月再看看 2020 年的投资决策方向。

备注：随后两天曾经大涨的核心资产就开始了大幅回调。

15. 深入研究个股

笔者在2020年2月22日公众号"姜阳汇"上写文章研究美股吉利德(GILD)。

2020年2月,由于新冠病毒肆虐,让笔者关注到了美股吉利德(GILD),之前从未听过,这次因为它的在研药物瑞德西韦可能对新冠病毒有效,笔者才仔细研究了它的相关资料,发现它是长期投资的好标的,笔者根据这些资料整理了一些理由:

其一,它的生物科技研发实力非常强大,在新药研发方面投入巨大。已有的产品和在研的产品市场情景广大,比如已有的抗艾滋病毒、抗乙肝病毒、抗丙肝病毒药物,在研的瑞德西韦(初始目的是抗埃博拉病毒,现在抗新冠病毒)、治疗类风湿关节炎药filgotinib、治血癌细胞疗法、长效HIV药物GS-6207。

其二,有分析师预测,现在市值比长期估值模型估计的价值低估20%以上。而且它的PE 16倍,股息率3.6%以上,都符合价值股标准。

其三,吉利德在2011年到2015年大涨十几倍,但因为一些因素从2015年到现在回调40%,牛股回撤幅度和时间都足够。今年2月因为新冠病毒肆虐而放量上涨突破了30月均线的长期压制,也适合趋势投资者此时择机介入。

其四,最近中国科技部在发布会上表示,在人民利益第一的前提下,中国会和吉利德一起找到合适的药物供给方法。不管在随机双盲试验中瑞德西韦是否对新冠病毒有疗效,吉利德科学这家美股公司都值得长期关注。

推荐之后,截至2020年4月18日,吉利德逆势最高大涨25%,同期道指最多大跌35%,跑赢指数60个百分点。

二、投资持有中外一线二线城市住宅

房子是中国人的核心价值观,在传统观念里,无房就无家,有房才安身立命。房子寄托了中国人太多的梦想。如果要投资房子,当然首先要选好位置。

1. 世界一线城市的核心房产是首选

中国的一线城市就三个:北京、上海和深圳,它们集中了中国最好的各种资源,因此人口最多、素质相对高,房价也相对坚挺,即使遇到回调,幅度也低于其他中小城市。

世界的一线城市包括纽约、洛杉矶、旧金山、伦敦等。

笔者在2009年货币宽松的那年,就看好上海等一线城市的房子,在2015年底再次看好一线城市的房子。

这是笔者在2016年2月22日公众号"姜阳汇"上写的文章《一线城市房价大涨的原因和未来趋势》,可以看看逻辑:

2016年春节一过,上海的房市进入了火爆的阶段,不管是新房还是二手房,价格都在快速上涨,有点像2015年3月份的股市。很多二手房东都在跳价,和 2009 年 11 月份时的房市一样,开发商又开始出现捂盘惜售。更夸张的是上海瑞虹新城怡庭 2 月 21 日开盘即售罄,352 套,均价 8 万元。

很多人要问,为什么一线城市房价这么高了还在大涨呢?笔者总结了一些原因。

(1)政策放松

①2015 年 3 月 31 日,三部委联合下发通知,对拥有一套住房且相应购房贷款未结清的居民家庭购二套房,最低首付款比例调整为不低于 40%。该政策大超市场预期,刺激了改善型需求的爆发。

②2015 年央行进行了五次降息,五年以上商业贷款基准利率从年初的 6.15% 降至目前的 4.9%,首套房还有八五折优惠利率。该政策大幅降低了月供还贷压力,促使更多人贷款买房。

(2)资金宽裕

①广义货币(M2)余额的增速持续高位,2015 年末比 2014 年末同比增长 13.34%,2016 年 1 月末继续高增长,增速达到 14%!

②2015 年上半年创业板大涨造就了很多千万和亿万富翁,尤其是深圳,是深圳房价大涨的主要原因之一。

③私募大部分集中在一线城市,2015 年 6 月份开始的股灾,很多私募和游资逃顶,半年赚了几倍的利润,资金从股市出来买房。三四线城市主要是散户,大部分被套牢,没有财力继续买房。

④一线城市的金融业发达,金融业从业者收入相对较高,是购房主力之一。

(3)资源集中

一线城市的教育和医疗发达,如北京和上海;空气优质和创业环境好,如深圳;文化艺术资源集中,如北京和上海。

(4)虹吸效应

北京、上海、深圳吸引着周边城市群的富裕人群和资金远远不断地流入,虽然有限购,但很多居民都是来自周边城市,他们的父母会全力支持子女在一线城市安家落户。

(5)羊群效应

中国人历来是买涨不买跌,房价涨得越快,越会刺激恐慌盘的买入。

很多人担心房价大涨再去追高会被套牢,就好比股市在5 000多点追高被套牢一样。但现实的情况就是如果房子晚买两周,也许就多付100万元。除非这几年都不买房子,等到几年后房价可能大跌再买,或者一直不买房子;否则,如果是必须要买的首套刚需房,还是早买更好些。假如将来运气不好遇到大跌,和股票被强制平仓不一样,房子还是在的,可以自住或者出租,亏损只是浮亏。熬几年,等到货币供应量再次井喷,那时房子还是会继续上涨。

房子是目前抵御纸币购买力快速贬值的好工具,还有居住功能,一线城市房价未来的趋势很可能是快速拉升,然后横盘几年。晚买不如早买。

既然说到纸币购买力快速贬值,来看看笔者在2016年2月16日公众号"姜阳汇"上写的文章《是谁打开了货币超发的潘多拉魔盒?》中提到的数据:

2016年1月末,中国的广义货币(M2)余额141.63万亿元,同比增长14%,增速分别比上月末和去年同期高0.7个和3.2个百分点;狭义货币(M1)余额41.27万亿元,同比增长18.6%,增速分别比上月末和去年同期高3.4个和8.1个百分点。

备注:截至2020年6月末,广义货币M2余额213.49万亿元,同比增长11.1%,4年半再增加72万亿元!

在如此高的基数之上,M2的增速仍然高达14%!而GDP增速是多少呢?最高7%,我们按照6%计算,每年货币购买力自然贬值就达到8%,而无风险的一年存款利率才1.5%,每年货币购买力净贬值高达6.5%。

若按目前状态推算,十年后货币购买力损失50%,二十年后货币购买力损失75%。

因为金本位制有巨大的局限性,为了促进经济发展,很多国家在20世纪30年代取消了金本位制,后来又采取了金汇兑本位制,直到1978年的《牙买加协定》,世界货币完全信用化。信用货币极大促进了世界经济的发展,但如果管理不好,极易酿成巨大的危机。

看看中国1990—2019年的M2与GDP的数据,如表1所示。

表 1　　　　　　中国 1990—2019 年的 M2 与 GDP 的数据

年份	M2(亿元)	GDP(亿元)	M2/GDP
1990	15 293.4	18 667.8	0.82
1991	19 349.9	21 781.5	0.89
1992	25 402.2	26 923.5	0.94
1993	34 879.8	35 333.9	0.99
1994	46 923.5	48 197.9	0.97
1995	60 750.5	60 793.7	1.00
1996	76 094.9	71 176.6	1.07
1997	90 995.3	78 973	1.15
1998	104 498.5	84 402.3	1.24
1999	119 897.9	89 677.1	1.34
2000	134 610.3	99 214.6	1.36
2001	158 301.9	109 655.2	1.44
2002	185 007	120 332.7	1.54
2003	221 222.8	135 822.8	1.63
2004	253 207.7	159 878.3	1.58
2005	298 755.7	184 937.4	1.62
2006	345 603.6	216 314.4	1.60
2007	403 442.2	265 810.3	1.52
2008	475 166.6	314 045.4	1.51
2009	610 224.52	340 902.81	1.79
2010	725 851.79	401 512.8	1.81
2011	851 590.9	473 104.05	1.80
2012	974 148.8	534 123.04	1.82
2013	1 106 524.98	588 018.76	1.88
2014	1 228 374.81	635 910	1.93
2015	1 392 300	676 708	2.06

续表

年份	M2(亿元)	GDP(亿元)	M2/GDP
2016	1 550 100	743 585	2.08
2017	1 677 000	827 122	2.03
2018	1 826 700	900 309	2.03
2019	1 986 500	990 865	2.00

注:2016年达到最大比值2.08。

中国在1998年实行房改,1998年到2015年,M2增长12.3倍,同期房价上涨10～20倍,房价涨幅和M2涨幅在同一个数量级。这17年间跑赢货币发行速度的主要就是房价。

好的房子因为有其他因素增值,超过M2涨幅,比如大城市好地段的房子;差的房子也就是跑平M2涨幅,基本全是货币因素带来的房价上涨。

货币的发行数量不能超出真实财富太多,否则就容易产生恶性通胀。我们的CPI看起来不高,是因为统计上的小把戏,把最大的房价当作投资给剔除了。可是对老百姓来说,房子是实实在在需要花钱去买来住的,而且占了家庭收入的大头。

温和良性的通货膨胀有利于经济的发展。但是在实际的经济运行中,这个"温和"的度是难以把握的。可以肯定的是,通货膨胀会经常性发生。那么,大城市的房价会不会继续追随2016年1月的M2涨幅呢?我们拭目以待!

备注:后来一线城市的房价果然在2016—2017年之间大涨。然后缩量横盘了两年,但在2020年第一季度新冠肺炎疫情期间,深圳局部地区和上海住宅成交再次回暖。

2. 世界二线城市的核心房产是次选

2016年3月25日,上海和深圳分别出台了楼市调控政策,在2015年"3·30"楼市放松政策未满一年之际重新收紧了,其中上海可谓史上最严。笔者在2016年3月26日写了一篇文章《除了一线房产钱还能去哪里?》,结论如下:

政府把一线城市房产交易市场降温了,那么大量的货币能去哪里呢?大量的货币如果没更多的地方去,拿在手里时间越长,购买力贬值越多,实非明智之举。

想来想去,目前还有资格在一线城市买房的人还是要在房市降温后择机挑满意的房子购买,既有改善住房需求目的,又有保值目的。因为如果将来房价暴跌,那么其他资产跌幅说不定会更大。一线房产是我们没有办法的选择!谁让货币每年疯狂地增发呢!

对于那些已经没有一线城市买房资格的人来说,不限购的二线核心城市是比较好的选择。后来在2016年到2017年二线城市房价接力一线城市暴涨,验证了判断,但导致二线城市房子也限购了。

到了2018—2019年,一线和二线城市的房产交易市场都很冷淡,房价也回调了不少。这时可以考虑东南亚国家的首都,相当于中国的二线城市,比如菲律宾首都马尼拉,经济发展前景很好。笔者在2018年6月21日写的文章《菲律宾发展前景简要分析》介绍了原因:

(1) 菲律宾人口众多。

2014年成为世界上第12个人口过亿的国家,人口增长率为2.04%,高居亚洲第一位。75%是年轻人,人工成本低,人口红利大。

(2) 容易融入西方国家。

菲律宾人有八成以上是天主教徒,性格温和,又是说英语国家,政治制度和美国类似,容易吸引发达国家投资。世界三大信用评级机构把菲律宾主权债务评级提高到"投资"级,FDI屡创新高。

(3) 1 000万海外劳工汇款。

每年汇款接近300亿美元,支持比索汇率。

(4) 房地产市场方兴未艾。

房地产租金回报率高,在5%以上。新房建造速度慢,供给少,需求大。买房可以分期付款,财务压力小。

(5) 基础设施落后,发展空间大。

2018年通过了3.767万亿比索国家预算法,占GDP预期值的21.6%,其中,教育是重点,预算为6 724亿比索。其次是公共工程和公路部,预算为6 379亿比索。还包括1.1万亿比索的基础设施建设专项支出。其中,公共工程预算为道路、桥梁、防洪系统及其他基础设施的建设、修复和改善提供资金。交通部的预算为663亿比索,主要用于打造安全、舒适且能够为大众所负担的公共交通系统,旨在改善全国各地的交通状况。

(6) 政局比较稳定。

国内南部叛乱基本平息。

（7）效率比较低下，但在改善。

2018年5月31日颁布2018年营商便利和高效政府服务提供法案（EODB/EGSDA）将通过消除官僚手中的繁文缛节来加快政府流程，从而提高在菲营商效率，使经商更为便利。

（8）华人地位高。

（9）自2012年以来的GDP增速在亚洲位居前列。

（10）前景预测。

未来20年，菲律宾具备长期发展潜力，值得重点关注。

3. 有人担心中国房价像日本当年一样崩盘

笔者在2016年3月31日写了文章《中日房地产市场的结局真的一样吗》。

最近网上流行一篇文章《中国会重蹈日本房地产崩盘的覆辙吗？》，写得非常好，笔者也看了一些资料，写点自己的看法。

日本在明治维新之前，一直学习中国，至今还保留了很多唐朝的文化，明治维新之后开始学习西方发达国家，快速工业化，和中国打了两场战争。第二次世界大战后，日本从衰败中迅速崛起，在房地产泡沫危机之前已经是发达的自由市场经济国家。中日两国有很多相似的地方，但更多是不同，这也导致了房地产泡沫的结局不完全一样。

（1）日本是自由市场经济，资本市场和金融市场完全开放，资本可以自由流动，日元可以自由兑换和自由进出，一旦房地产价格下跌,资本可以迅速撤离,加剧危机。

中国则是有自己特色的市场经济,同时政府也发挥了宏观调控的作用,形成对整体市场环境的保护。

(2)日本经济发达,各地区经济发展差异没有特别悬殊。中国区域经济发展不平衡,发达地区集中在北京、上海、深圳及周边城市群,会有巨大的虹吸效应。

(3)日本当年为了经济转型,主动加息和推出房地产贷款总量控制政策,以此刺破房地产泡沫；日本意识到房地产的高速发展已经严重影响到了经济的未来发展方向后,采取了紧急措施更正错误。从1989年开始,日本连续5次提高贴现率,提高至6%,同时推出房地产贷款总量控制政策,刺破了股市和房地产泡沫。

中国经济目前进入平稳周期,为了刺激经济复苏,利率在降息周期,未来不大会加息,货币宽松仍然在进行中。

(4)土地买卖方不一样：日本实行土地私有制,家庭是土地的净卖方,企业是土地的最大净买方,企业是土地价格上涨的最主要推动者,发生危机后,企业为了自救会大量抛售地产,成为最大的净卖方。

中国土地国有,政府是土地使用权的净卖方,私人家庭是土地使用权的最大净买方。私人家庭户均房产数量不多,加上自住,没有能力大量抛售房地产。

(5)1985年日本房地产价格开始大幅上涨时城市化率已达到76.7%,城市化进程已近尾声,此时房地产价格才开始大幅上涨是极不正常的。

而中国的城市化率是56%左右,还有提升空间,尤其是大城市群。

笔者无法判断中国一二线城市房产价格未来是否会大跌,但忽略中日之间经济和房地产市场的差异,简单推断中国房地产市场未来会和日本房地产市场一样崩盘也是不可取的。

只要中国政府不主动加息和收缩货币供给,房地产价格暴跌的概率就比较低。至于将来的某一天政府不得不加息和收缩货币供给时,也因为经济模式和市场参与主体的不同而会有不同的表现形式。

4. 大城市集群才是未来

笔者在2016年7月5日写过看好大城市集群的文章。政府近几年来一直希望农民落户中小城镇,如2016年1月22日的政策决定放宽农业转移人口落户条件,探索进城落户农民对土地承包权、宅基地使用权和集体收益分配权的依法自愿有偿退出机制,既促进了城镇化,也可以完成中小城镇的房地产去库存任务。

但在发挥规模效应与提升效率方面,大城市集群的作用更为突出。大城市集群占地面积大、人口稠密、经济发达、交通方便、彼此联系密切,是现代城市形态的一种高级类型。

在高铁没有发展起来以前,大城市集群不太可能实现,但近几年来随着高铁和动车的飞速发展,这种高级城市形态已经确立。而各大城市内部交通由大运量的地铁网解决,目前也具备了条件。

以上海、江苏和浙江为例,上海是核心,苏州、南京、杭州、宁波、无锡、常州、嘉兴等聚集在上海周围,形成了大城市集群,2015 年末常住人口合计 7 564.11 万人,2015 年 GDP 合计 84 563.46 万元,人均 GDP 11.18 万元(见表2)。大城市集群极大地促进了本地区社会经济发展。

表 2　　　　　　　　长三角城市人口与 GDP 对比

	2015 年末常住人口(万人)	2015 年 GDP(亿元)	人均 GDP(万元)
上海	2 415.27	24 964.99	10.34
苏州	1 061.60	14 504.10	13.66
南京	823.59	9 720.77	11.80
杭州	901.80	10 053.58	11.15
宁波	782.50	8 011.50	10.24
无锡	650.75	8 518.26	13.09
常州	470.10	5 273.20	11.22
嘉兴	458.50	3 517.06	7.67
合计	7 564.11	84 563.46	11.18

此外,还有珠三角、京津冀两个大城市集群。这三个大城市集群代表了中国最具活力的地区,社会资源越来越多向大城市集群集中,产生了巨大的规模效应,节约社会资源,增加效率。

而如果鼓励农民落户中小城镇,实行中小城镇化战略,则会极大浪费社会资源,并且效率低下。

三、适量配置美元

1. 适度放松对稳定汇率的追求

自改革开放后,人民币在国际上的重要性越来越大,尤其是加入WTO之后,中国快速融入世界贸易体系。人民币国际化在最近十年成为政策目标,以加入SDR为标志。但现在外汇储备持续下降,政府加强了外汇的监管和审核。

在现代金融理论中有一个非常著名的蒙代尔不可能三角理论:一个国家不可能同时实现资本流动自由、货币政策的独立性和汇率的稳定性。只能拥有其中两项,而不能同时拥有三项。如果一个国家想要拥有独立的货币政策,保持汇率稳定,那么就要放弃资本流动自由,将退回到闭关锁国的封闭经济体系,不利于经济增长。

看看我们的邻国日本,日元和美元的汇率波动巨大,资本可以自由流动,但是基本没有影响到日本的稳定,也没有影响到世界对日本的信心。

其实汇率的绝对稳定没有那么重要!而是货币的国际化和自由流动更重要,只有这样,货币才能成为世界的储备货币,成为别人需要的外汇。浮动汇率虽然波动巨大,但毕竟是明牌,市场的参与者和投资者都可以选择工具对冲掉汇率的波动风险，但无法规避资本管制的风险！

2. 美元是不错的信用货币

美元的地位并不是一蹴而就、与生俱来的，而是通过美国的逐渐强大和几次关键事件奠定的。

19世纪末，美国已变成世界上最强大的国家。到1914年第一次世界大战爆发时，美国的经济总量大于其余三个最大的国家——英国、德国、法国的总和。

1945年美国国民生产总值占全部资本主义国家国民生产总值的60%，美国的黄金储备约占世界黄金储备的59%，相当于整个资本主义世界黄金储备的3/4，在这种形势下，第二次世界大战以后形成了以美元为中心的国际货币体系。1944年7月，开始了布雷顿森林体系。1971年美元与黄金脱钩，总统尼克松同意向沙特提供军火和保护，条件是沙特所有的石油交易都要用美元结算。由于沙特是OPEC中最大的产油国和全球最大的石油出口国，其他国家也很快采用美元进行石油交易，石油美元体系从此确立。这两次重要的转折点，无一不是以美国强大的制度实力、经济实力、军事实力、科技实力作为基础来实现的。

但美国政府并没有发行美元的权力，而只有发债权，美国政府以未来税收作为抵押来发行国债，然后用国债到私有的中央银行美联储那里做抵押，才能通过美联储及商业银行系统发行美元。美国政府要想得到美元，就必须将美国人民的未来税收

（国债）抵押给私有的美联储，由美联储来发行美元。尽管美联储的主席是由总统任命、国会核准，但它仍然是一家私营性质的公司，美联储的核心是7人委员会、12家美联储银行和公开市场委员会。12家美联储银行全部是私有公司，由各自地区的主要银行组成。其中纽约美联储银行势力最大，实际上代行中央银行的职能。

但其他很多国家的货币就是政府控制发行的，尤其是一些新兴市场国家，在过去若干年发生了很多货币危机，比如津巴布韦、委内瑞拉、阿根廷、俄罗斯、土耳其、南非、印度、印尼、泰国、越南等等，拼命超发货币！

但美元毕竟是信用货币，尤其是1971年和黄金脱钩后，M2从1971年底的7 103亿美元增加到目前的14万亿美元左右，增幅还是达到了1 871%！但同期中国的M2分别是714.9亿元人民币和177.62万亿元人民币，增幅高达248 354%。

同美元竞争的货币主要是欧元，但欧元是松散国家联合发行的货币，有其致命弱点，就是成员国很多债务危机，直接削弱了欧元的竞争力。日元只是避险货币之一，但汇率波动性过大，不适合长期持有。英镑虽然坚挺，但是规模过小，早已不是"日不落"帝国了。

所以只要一出现危机，很多投资者就换美元，在危机国就会出现美元荒，最近几年发生在委内瑞拉、阿根廷、土耳其等国的危机就是明证。还有2020年出现的新冠病毒危机，美联储创纪录地发行美元，但世界各国仍然在争先恐后地购入美元，所以在目前情形下，适量配置美元仍然是一个可以选择的途径。

3. 美元走势的研判

笔者在2018年12月12日公众号"姜阳汇"上写文章《再谈谈美元的"弱势"》，针对有人提到"美联储暂缓加息甚至降息的预期升温，因此很多人开始看空美元，认为美元开始弱势"，笔者反驳指出："美元指数是由一揽子货币包括欧元、日元、英镑、加元、瑞典克朗、瑞士法郎组成，权重最大的是欧元，第三大是英镑，笔者强调欧元可能会非常软，在此种情况下，美元指数还会在一定程度上保持强势，当今世界，暂时还没有信用货币可以挑战美元。"

经过8个多月的发展，笔者的观点得到验证：现在欧元兑美元下跌，英国硬脱欧风险上升导致英镑重挫，两者效应叠加直接导致美元指数超过99，达到99.12！这还是在美联储降息后得到的结果，可见全世界避险需求多旺盛。

备注：美元指数从2020年3月的最高103走弱到2020年8月的94左右。但2017年美元指数也是从高位103.8走弱到2018年2月初的最低88.25，随后反弹到2020年3月的最高103。现在的美元指数仍然比2018年2月初的最低88.5强很多，笔者判断未来更长的时间内其他六种货币比美元更弱，因此美元指数长期还会走强。

四、配置部分保险

保险在中国现在慢慢发展起来了,但接受度还不是很高,有些保险公司和保险产品因为涉嫌坑客户而引起客户的反感。笔者研究过保险,只推荐必要的重疾险、便宜的短期高额医疗险、意外伤害保险和房屋保险。重疾险的缺点是保额太低,几十年后这些保额根本不够。除了社保,再买一些1年期的消费型高额医疗险,为以后发生重疾时提供保障。笔者重点说说高额意外伤害保险和房屋保险。

1. 高额意外伤害保险

笔者之前一直在寻找高额的意外伤害保险,尤其是包含汽车等方面的意外伤害保险。为什么呢?因为大部分保险公司对汽车方面的意外伤害保险都不承保高额保额,汽车是高风险的交通工具,中国每年死于汽车相关的人数高达数十万人,根据世卫组织公布的2015年世界交通安全报告,中国2013年交通死亡人数为261 367人。

一般保险公司承保的汽车意外伤害保险最高保额只有50万元人民币,在现有的赔付标准下,这个标准已经明显过低。

有家保险有一个高保额的意外伤害保险,可以购买200万元的保额。

介绍一下具体的保障条款(每份):

(1)驾驶或者乘坐非营运机动车身故/全残保险金额100万元(75岁及以上50万元);

(2)民航交通意外身故/全残保险金额100万元(75岁及以上50万元);

(3)水陆公共交通工具意外身故/全残保险金额100万元(75岁及以上50万元);

(4)8种重大自然灾害(地震、台风、龙卷风、冰雹、洪水、海啸、泥石流、滑坡)意外;

(5)身故/全残保险金额100万元(75岁及以上50万元);

(6)电梯意外身故/全残保险金额100万元(75岁及以上50万元);

(7)法定节假日身故/全残保险金额100万元(75岁及以上50万元);

(8)其他意外身故/全残保险金额10万元(75岁及以上5万元);

(9)非意外身故/全残保险金额:已交保费105%与现金价值取大;

(10)满期保险金额:110%(20年)或120%(30年)保费。

投保说明:

投保年龄:18—60周岁。

保险期间:20年、30年。

交费方式:3年、5年、10年。

保费:18—40岁,30年期,10年交,每份每年1 880元,5份就是每年9 400元;41—50岁,30年期,10年交,每份每年2 020元,5份就是每年10 100元;51—55岁,20年期,10年交,每份每年2 700元,5份就是每年13 500元;56—60岁,20年期,10年交,每份每年3 000元,5份就是每年15 000元。

此保险除了包含汽车高额保障200万元(2份),还包括水陆公共交通工具、自然灾害、电梯、法定节假日(不包括周六、周日)的意外伤害高额保障200万元(2份),不过缺点是除此之外的其他意外伤害保额不高,但仍然是目前性价比非常高的意外伤害保险。

2. 房屋保险

现在很多家庭都有一套高净值的房子,名义上很富有,但经不起任何风吹草动和风险。一旦房子损失,就会瞬间返贫。

回想一下2011年上海静安大火,天津港爆炸,台风,很多家庭遭遇人身和财产的损失。

房屋保险主要保障自然灾害、火灾、爆炸等意外事故造成的房屋损失。发生损失时,保险公司按房屋的实际价值计算赔偿,但以不超过保险金额为限。

保险责任

在保险期间内,保险标的在保险单载明的地址由于下列原因造成的损失,保险人按照保险合同的约定负责赔偿。

（1）火灾、爆炸，包括但不限于：家庭燃气用具、电器、用电线路以及其他内部或外部火源引起的火灾；家庭燃气用具、液化气罐以及燃气泄露引起的爆炸。

（2）空中运行物体坠落、外界物体倒塌。

（3）台风、暴风、暴雨、龙卷风、雷击、洪水、冰雹、雪灾、崖崩、冰凌、突发性滑坡、泥石流和自然灾害引起地陷或下沉。

（4）保险事故发生后，被保险人为防止或减少保险标的的损失所支付的必要的、合理的费用，保险人按照保险合同的约定也负责赔偿。

责任免除

下列原因造成的损失、费用，保险人不负责赔偿。

（1）投保人、被保险人及其家庭成员、家庭雇佣人员、暂居人员的故意或重大过失行为。

（2）战争、敌对行动、军事行为、武装冲突、罢工、骚乱、暴动、恐怖活动、没收、征用。

（3）核辐射、核爆炸、核污染及其他放射性污染。

（4）地震、海啸。

（5）行政行为或司法行为。

（6）大气污染、土地污染、水污染及其他各种污染，但因保险合同责任范围内的事故造成的污染不在此限。

保费

以某保险产品为例，保险期间 1 年；500 万元房屋保额，保费 200 元；1 000 万元房屋保额，保费 230 元；1 500 万元房屋保额，保费 280 元;2 000 万元房屋保额,保费 300 元。性价比还是不错。

五、配置部分黄金

黄金在 2011 年达到最高点后,走熊了七年多,2019 年初开始小幅反弹,突破了每盎司 1 300 美元。由于世界格局开始动荡,黄金作为储备可以少量持有,笔者在 2019 年初推荐的银行纸黄金产品和黄金指数挂钩,买卖方便。

美联储货币政策转变和中美贸易局势进展成最大原因,市场已经开始预期美联储正在考虑暂停缩表以及 2019 年美联储可能结束加息、甚至预期降息。此外,主流投资者为免受市场动荡、潜在经济衰退和日益悲观情绪的影响,资产从股票和其他风险资产逐渐转向债券和黄金等避险资产。

备注:由于新冠肺炎疫情暴发的原因,美联储 2020 年第一季度开始大规模降息至零并大规模量化宽松救市,因此黄金大涨,截至 2020 年 8 月初,黄金价格约为每盎司 2 040 美元,突破历史新高,全年涨幅较大。

六、投资自己才有未来

把一部分资本和精力投资在自己上,未来会有无限可能的回报。因为人才是第一生产力,只有把货币人力资本化,才能带来超额收益。

唯有投资自己才有未来。

很多年轻人因为高房价而焦虑,认为一辈子都买不起一线城市的房子了,其实大可不必如此焦虑。

人的一生很漫长,充满了各种可能性;房子的周期也很长,也充满了各种可能性。为什么在年轻时就妄下结论,认为一辈子都买不起一线二线城市的房子呢?

机会永远都是留给有准备的人,在房价刚开始涨时肯定有很多有能力买房子而没有买的人,也有很多想买但没有支付能力的人,这些都是给了机会但无法把握的。要想成功,必须具备一些条件,在有支付能力时具备眼光,在有眼光时具备支付能力,缺一不可。

由此推广开来,其他事情亦如此。当你年轻时,如果不努力上进、不勤奋刻苦、不善于学习、不积累人脉,又怎么可能在日后担当重任、成为中流砥柱呢?当企业给你机会独当一面时,你是否具备了"支付"能力?当你有能力独当一面时,你是否能够发现哪里适合你发挥？

人们为什么会有那么多焦虑？因为欲望超出了能力。当能力无法匹配欲望时，自然是无尽的烦恼，这时，只有暂时放下欲望，努力提高能力，将来才有机会达成目标。

多投资些时间在自己身上，学习、观察、总结，唯有如此，才有未来！

笔者在下文跟读者分享一下将近16年的工作经历和经验。主人公张骏横跨地产和金融两大行业，见识了形形色色的各种人。他性格耿直，但工作努力，业绩一直很好，职务和收入都得到了快速提升，本书下篇可以给很多读者提供职场有用的经验和教训，让读者尤其是年轻读者少走弯路，早日走向成功！

下 篇

升职记

一、初到南方

南方的大城市,天经常阴阴的,很少见得到太阳。

张骏是个北方汉子,性格直,但人好,从小爱读书,是个学霸,靠自己努力考上了南方大城市的一所好大学,虽然专业不错,但就是不喜欢,所以大学毕业时专业课成绩只能算中等,加上毕业时赶上了金融危机的尾巴,就业环境不太理想,所以他费了很大劲才进了一家小房地产公司,入职之初被派到工地现场负责协助监督检查项目的进度。

外地人来大城市读书本来就不容易,要融入当地的文化环境很难,所以找工作也难,为了能让自己在面试时看起来不那么寒酸,他还想到了跟银行申请助学贷款包装一下自己,买了一套便宜的西服和摩托罗拉翻盖手机。投了很多简历,但回应者寥寥,看着成绩优秀的同学早早敲定了工作单位,他有点着急了。不过事情还是有了转机,他有一天接到电话通知去面试,一家小房地产公司,没听过,不过还是去吧,聊胜于无嘛。

接待他的是人事部老大王总,王总高高大大、和蔼可亲,和他一对一交流,问题比较杂,也问起了家庭,一说到家庭,张骏就难受了,哽咽地说道:

"母亲在我少年时就去世了,我都没来得及报答母亲的养育之恩！"

过了几天地产公司就通知他被录取了。他也懒得再去找其他的公司了，就签了下来，先去实习。

实习地点并不在总部，而是在一个工地上，工程快收尾了，他过去帮忙打打杂。尽管他只是个实习生，但作为甲方代表之一，他仍然受到了施工方的尊敬。带他的是老朱师傅，一个年纪大的本地人，非常敬业。这个工地的事情结束后，他又被转到公司附近的另一个工地，也是一个快收尾的工地，离公司总部更近，他还要经常回总部帮忙整理图纸，联系相关部门。有些同届毕业的年轻人在一起工作，充满了激情！这次带他的项目经理是李师傅，经常叮嘱他手机号码千万不要经常换，这样别人就会对他产生不信任感。因为这句话，他手机号码一直没有换过。

七月份就要离校，同学们在离校前疯狂了一把，有的同学把书都扔到楼下，尖叫发泄着。他和同学聚在一起把酒言欢，虽然平时他们交流得不多，但仍然有一丝的感伤，但他没有哭，他觉得一切随缘，以后还有相聚的机会！他喝了很多，但没有醉。

然后他就到公司正式报到，开始人生中第一份工作旅程。

二、初涉职场

他被正式派驻到一个新工地——美丽苑。他的岗位是项目经理助理,辅助项目经理高总与设计院、施工单位、监理单位、政府部门打交道,其实就是个跑腿的。他刚毕业,对图纸还是很熟悉的,时常拿着以前的老图纸学习。

他的工地离设计院不是很远,他经常骑着自行车到设计院去沟通图纸的出图,大夏天很热很热,但他并不怕苦,依然每天冒着大太阳去设计院,骑自行车还可以为公司节约很多打车费。他在工地上要天天面对施工单位的人,职责之一就是要每天去工地检查,撰写工作日记,发现问题及时向项目经理汇报。

有一天,他发现运来的预制基础柱有比较大的裂纹,就找来工头问了情况,并向项目经理汇报。后来经过检验,问题不大,但他仍然得到了项目经理的表扬,夸他工作认真负责。

但有些事儿他不太适应——中午的时候施工单位领导经常请他们外出吃饭喝酒,刚毕业不太好拒绝,结果每次都喝得醉醺醺的,下午就在办公室睡大觉,有时甚至晚上去夜场玩耍。

他又不好意思自己挑陪同唱歌的女孩子,施工单位领导就帮他选一个,他也不敢和这些陌生的女孩子多说话,更不敢像其他人那样放肆,他只敢聊天,问女孩子平时做什么之类的。

其实这些都是施工单位的小伎俩,希望他们在工作上放松监督,这样施工方就有利可图了。张骏觉得这样不好,他是个很正直的人,工作上的事情他还是认真对待。几个月后,当工程进行到楼面的时候,他发现工人在焊接钢筋时未经允许改变焊接方式,马上汇报给项目经理。因为图纸上设计的焊接方式是握焊,成本是每个十元,而实际的焊接方式是直焊,成本只有每个两元,差价达到八元,整个工程差不多需要几万个这样的焊接,几十万元差价就落进了施工方口袋。项目经理在接到汇报后,只能让工程暂停,整顿后再复工。他这样做为公司避免了几十万元的损失,再次得到项目经理的表扬。

还有一次,他发现了楼板钢筋的间距明显过大,一米内应该有五根钢筋,但实际只有四根,他依然要求施工方整改,又给公司把控了质量关。

施工方老总对他不但不生气,反倒对他青睐有加,觉得他认真负责。

国庆假期结束后,他听说项目经理高总被公司开除,理由是他接受施工方的邀请去旅游,费用是施工方出的。公司为这事还派人来调查,并询问了张骏。他一头雾水,啥都不知道。最后高总走人了事,换来一个魏总做项目经理。他花了几个月时间才和魏总混熟,魏总人不错。魏总的上司是工程部经理,一个姓赵的博士,人不咋地,有一次来工地检查工作,发现了施工方一个问题,但张骏很认真,跟赵经理说这不是施工方的问题,他们没有做过。结果赵经理诬蔑张骏是不是故意帮施工方说好话,张骏哪里受过这种冤枉,就和他吵了起来。

"你凭啥冤枉我向着施工方啊?我之前让施工方改正了很多次错误,你咋不提呢?"

"那你为啥说不是他们的问题?"

"因为实际情况就和他们无关啊,干吗要把责任推在他们身上?"

他们的争吵引来了围观,魏经理和施工方老板都过来打圆场,说晚上请他俩吃饭,算是和解。张骏当然不会死扛,就答应了。还好,赵经理事后也没有打击报复。但没过多久,赵经理自己就灰溜溜地离开了公司,不知道什么原因。

张骏平时住在公司安排的公寓套房,每月付 200 元的房租,正好用公司发的房贴抵扣掉,所以不用另外付房租了。他没有女朋友,花销也很少,每个月开销 600 元,能攒下 1 500 元左右,工作一年多攒下将近 20 000 元。那时公司开发的楼盘每平方米房价才 2 500 元左右,但他还是没钱买房子,别说首付需要 5 万元巨款,就是每个月的还贷都需要 2 000 元左右,他工资付完月供就没了。即使公司员工买房子有 2% 的折扣,他仍然没能力买房子。父亲养育几个孩子好不容易攒下了一点养老钱,他可不忍心让辛苦年迈的父亲再为他操心。他大三的时候还幻想过开个网吧,如果敢于实践并且有本钱投入,或许他早就发财了。

和他合住一个房间的也是个本科生,高大英俊,还有个女朋友,但他俩分分合合。

另一个房间住着一个大龄青年老董,30 多岁了还是单身。第三个房间也是个刚毕业的学生,看起来斯斯文文,但张骏无法和他深入交流。

平时晚上大家就坐在大厅里看看电视闲聊,有段时间《康熙王朝》首播,他们都很喜欢看,就凑在一起看,有时候还出去买冰淇淋吃,这样的慵懒生活让张骏在一年内体重暴增十多斤。在学校里他经常踢足球,个子虽然不高但肌肉还是很发达的,大学时还献过两次血,献完血都不需要休息的,现在明显感觉虚了,除了缺乏运动,经常应酬喝酒也是个原因。他开始厌倦这样的生活。

国庆节以后,老董找张骏聊天,跟他说起同学本科毕业后就在证券行业工作,年薪 20 万元。张骏听到年薪 20 万元时眼睛都发光了,真是不敢想象啊!老董建议他以后考研究生就考某大学的金融专业,张骏听后有点心动了。他非常不喜欢现在的专业和行业,整天面对一些不喜欢的人和事,觉得堕落了,感觉不到一点精神上的满足和快乐。于是他在 10 月 25 日这天买了一大堆经济学、金融学方面的书,一边工作一边看书,但进度很慢,同时也看看数学、英语,工作期间已经忘记了很多,过了很久才慢慢捡起来。

开心的日子并不多,日子总是很平淡。张骏已经受够了这个行业,跟自己的价值观完全不符合,他决定离开了。工作一年,虽然公司挺器重,但感觉学到的专业东西并不多,更多是如何处理人际关系。专业能力已经荒废,再去设计院就职已不可能,房地产管理方面的工作又没什么意思,将来干得再好也就是个大项目经理,而且成天要待在工地上,以后成家怎么办?所以张骏下定决心要换行业,但他知道隔行如隔山,如果没有过硬的能力和较高学历,换行业是不可能的。他在七月份递交了辞职申请,准备脱产考金融研究生,但领导没有答应,说他可以一边工作一边考研,上班如果不是很忙也可以看书。他想了一下,暂时答应先留下来。

工地上的魏总也很照顾他,允许他上班时看书复习。但毕竟工作上的事情还是很多,他要经常放下课本去检查工地上的工作,无法完全静心。国庆期间,他报名考研辅导班,几天下来累死了,到了10月7日,张骏躺在床上想了很久,如果这样下去,他怎么可能考上研究生呢?尽管上班时领导都给他开绿灯,让他空下来就可以看书,但要复习的资料实在太多,毕竟是跨专业考研,报考的金融系竞争极其激烈,十个才录取一个啊!还要工作,心思静不下来的。不行,他要辞职!只有脱产全心全意准备考试,才可能考上。

10月8日国庆放假一回来,他再次坚定地向领导递交了辞职申请,并详细陈述了理由。王总见他这次态度坚决就同意了。在去办公室办理离职手续的时候,一个工作人员还跟他说这个大学很难考上的。张骏心想:你什么意思,难道瞧不起我,认为我考不上?我非要考上让你们看看!

领导对他很好,他辞职第二天就不来上班了,工作也没啥交接的。一个月后离职手续正式办完,他离开了人生中的第一家公司,竟然还有些不舍。但为了追求的理想,他只能义无反顾。

辞职的事情张骏只告诉了他的好兄弟,好兄弟一听这个消息,就跟张骏说手里有两万元可以借给他过渡一下,因为辞职考研需要很多钱。张骏听到好兄弟这样说,感动得要哭,但没有接受:

"兄弟,你工作才一年,就这点积蓄,以后还有很多用钱的地方,我已经攒了两万多元,足够开销了。"

后来初中老师也知道了,要寄钱给他,他也婉拒了,但老师一直催他把银行账号发给她,如果不发就生气。没办法,他只好告诉老师银行账号,老师打给他一万元,几个月后又打给他五千元。

张骏虽然不太急用钱,但好兄弟和老师的情义说什么都要记住一辈子!

三、研学相长

经过一年多的艰苦努力,历经两次考研,张骏终于考上了心目中学校的研究生,但张骏还有半年时间才入学,这么长时间干什么呢?他又不可能找正式的工作,也没想过出去旅游,毕竟旅游要花一大笔钱,想想还是找个实习的工作积累些经验吧。

他在网站上随机投简历,一家保险公司的业务主管给他打电话让他去面试,保险销售岗。他知道保险销售是做什么的,名声不太好,但反正闲着也是闲着,索性就接触一下这个行业。

他应约来到公司,接待他的就是业务主管李辉,个子不高看起来有点猥琐。第一印象未必就是准的,时间久了就知道为人了。

进公司的第一件事就是考保险代理证书,如果没有这个证书他是没资格代理销售保险产品的,就算销售出去,也不会给他提成，只能给带他的保险代理人。考试对他来说小菜一碟，他领到了复习资料，厚厚的一本保险业务和法律法规介绍。他只复习了半个月就搞定了，考试的时候他还涂改了几个答案，改错了，但仍然是公司的第一名。其他业务员顶多是个大专生，实习的有一些本科生，像他这种准研究生是唯一一个。

跟他一起实习的还有个某学院的女生，姓赵，相貌普通，但挺开朗，听说张骏考上了某知名大学金融研究生，佩服得不得了，整天缠着跟他聊天，想从他那里获得一些经验。张骏是个热情的人，愿意帮助别人，所以午饭的时候会经常和她一起，顺便聊聊经历和经验。听完后，她更加敬佩了，张骏甚至能感觉到她有点喜欢他。

卖保险的日子很艰辛，陌生人根本不买，他把宣传材料复印了很多份，塞到小区里的信箱，上面留了电话，但根本没人打给他。他为了不让业绩为零，就自己掏钱买了一些保险，也找同学、同事帮忙买一些。这大概是保险公司的伎俩，拼命招一些"菜鸟"做销售，知道他们卖不掉保险，但可以利用"菜鸟"的人脉销售，等到榨干了油水也就开掉了。

有一天，原来跟他在工地上合作的施工队老板给他打电话，希望张骏跟着他一起做施工，先做三年项目经理助理，以后再让他独立负责项目。可能是看中了他比较认真负责吧。但张骏刚刚拿到研究生录取通知书，历尽千辛万苦，怎么可能放弃呢？他还是委婉谢绝了施工队老板的邀请。但他还是很高兴，毕竟得到了对方的认可。

赵同学越来越喜欢他,有时候会给他发信息"我想你",可张骏不喜欢她,就委婉地告诉她两个人不太可能。时间久了,她也放弃了。后来研究生入学,他离开公司,她也毕业去了别的地方,但她欠他的 900 元始终没有还,张骏觉得只用了 900 元就可以看清一个人本质也挺好的,看来不喜欢她是对的。

读研期间,他被导师派到某银行下面的支行去实习,主要是了解一些个人房地产贷款的申请文件审核。

在支行实习特无聊,他不需要做什么具体事情,只是看着别人做。坐他旁边的一个沈姓男同事喜欢打实况足球,他俩就商量着中午休息的时候一起玩实况,沈同学水平挺高的,张骏要认真对待,不然会被"屠杀"。

快下班的时候,没什么事了,他俩也凑在一起玩,为了防止领导发现,他俩还装模作样地在学习。

等到这个实习一结束,他又被派到公司的并购部实习三个月,辅助项目经理编撰"项目建议书"。与此同时,他也观察股市。他观察到作为恢复新股发行后的第一只股票,上市第一天即被爆炒,发行价只有 7.4 元却被炒至 50 元,最高升幅达到 576%,一天的换手率高达 94%,但随后五个交易日又连续跌停。股票真是跌宕起伏啊!

两周后他突然接到一个外地电话,一听原来是某杂志回复他前阵子的小论文投稿的事,说下个月八月刊杂志正好缺一篇他这个题材的论文,准备采用,但要付 800 元的审稿费。他一听高兴极了,别说 800 元,就是再多些他也愿意付啊!这采用也太快了,一般人投稿就算采用也要3~6个月后才能发表啊,他才一个月不到就能发表,而且正好可以赶上9月底学校评选奖学金,运气简直太好了!

挂掉电话,他马上给初中老师打电话,告诉她这件事的重大意义。这可是超级有名的杂志,在这样的杂志上发表论文,毕业论文通过答辩肯定没问题,而且评奖学金可以加很多分,拿到一等奖学金、在核心期刊发表论文可以为以后找工作增加重要筹码。

随后又告诉了导师,导师很高兴,夸他有出息,没有看错他。但导师对他的毕业论文仍然严格要求,光修改就七遍,改到最后除了核心观点没变之外,其他的框架全变了,跟最原始的初稿相比更是面目全非。

9月底,学院开始评研究生奖学金,虽然没多少钱,但这是研究生阶段的唯一一次荣誉,为以后找工作增加重要筹码,所以学生十分重视。每个学生按照要求提交评选材料,张骏负责审核班里的材料,结果令他大吃一惊,很多同学提交的材料都是夸大的,个别材料甚至是造假的。他是个很严肃认真的人,跟同学说这样不行,要退回去,为此还得罪了一些同学。

他把审核好的材料交到了学院老师那里,但后来听同学说隔壁几个班提交的很多材料都是造假的,他心想这样不对啊,他把自己班提交的材料都严格审核一遍,别的班却提交很多造假材料,对自己班的同学不公平啊。他马上找到了学院老师,反映这个问题,老师就说那委托他来审核全学院的材料。

他当仁不让地接受委托。不查不知道，一查吓一跳。他马上跟老师汇报检查的情况，将近三分之一的同学都提交了夸大水分的材料，很多都是伪造的。那些被查出造假的同学不服气，去找老师理论，说张骏的材料为啥没人审核？学院老师大怒道：

"你们可以去查他的材料，但如果查不出问题，就要负全责！"

这些同学一听就不敢查了，本来就心虚。他们也不想想，张骏自己如果不干净，怎么敢去审核其他人的材料？经他审核过的材料，学院老师才提交给院里，最后公布了名次。有些没有造假的同学因此受益拿了三等或者二等奖学金，而有些造假同学奖学金等级从二等降到三等或者什么都没有，就算恨他也没用，因为很快毕业了。

张骏因为发表了一篇"超级"核心期刊上的论文加分很多，最后拿了一等奖学金，当时就算是该大学的老师也没有多少人能在靠前的核心期刊上发表文章，更何况他一个学生呢？所以一等奖学金名副其实。

经过这件事，张骏感慨不已，没想到现在有些学生素质已经差到如此地步！真不敢想象，这些人以后在金融行业发展，金融行业的诚信能好到哪里去？

国庆节一过，张骏这届两年半制的和下一届两年制的学弟学妹一起找工作。本来工作就不容易找，现在两届毕业生一起找工作更难了。现在投简历大部分是通过网络进行，就是在网络上填表格提交材料，所以对电脑和网络的稳定性要求很高，不然你填表格填到一半机器重启或者网络断了,前面的工作就前功尽弃。

他的台式机已经用了六年,破得不行,经常死机,有一次网申的时候就挂了。他一咬牙,用信用卡分期付款买了一台笔记本电脑,刷了9 000元,需要18个月还清。他本科欠的3 000元助学贷款用了4年才还完,读研又贷款1万元,好在贷款利息很低。

投简历采取的还是海投策略,管它行不行先投了再说。刚开始给他笔试面试机会的公司不多,就两家地产公司,后来某大公司和某中型公司让他去笔试。大公司面试的时候,是五个考官同时问五个应聘者,张骏排在第三个。问到第二个人的时候,是个女的会计学硕士,题目是《萨班斯法案》的内容和背景是什么?张骏一听到就笑了,他会这个问题,虽然他不懂会计,但几年前看新闻的时候他看过并且记住了,他觉得这个女生学会计的肯定能答上。但出乎意料的是她并不知道,这时候张骏也不想抢答,因为考官没问其他人是否可以回答。但第五个应聘者说话了,是一个牛哄哄的博士,他说他会,结果答错了!考官再问其他人是否知道?张骏觉得此时举手是恰当的,就详细解释了这个法案的来龙去脉。五个考官听了都满意地点点头,等轮到问他问题时就直接跳过了。

可见广泛阅读是多么重要!千万不能读死书、死读书。

那个中型公司是投行面试,从外地坐飞机来的几个高管,一次只面试一个人,他表现得不卑不亢,看得出来几个高管对他的表现很满意。

年底的某个晚上,张骏躺在宿舍床上,手机突然响了,刚开始他以为是不太重要的电话,接听后对方说是大公司的 HR,他马上爬下床,仔细听起来,对方通知他被录取了,很快就会发录取通知书给他。

他心里一阵惊喜,经历了几次心理折磨,现在总算有了好结果。他当时就向对方致谢!一晚上都很兴奋,夜很深了才睡着。过去这几年,经历了许许多多事情,也许是对他过去几年努力的一种回报吧,甚至是更早之前辞职考研的一种回报吧。这个公司的起点非常高,张骏相信对他将来的事业发展有着举足轻重的影响。所以张骏根本不关心薪水,和薪水相比,工作履历更重要。如今得偿所愿,也算幸哉!

第二天下午他又收到了中型公司的录取通知书,他委婉地谢绝了,但他仍然在电话中感激他们选择了他,并留下了联系方式,虽然不会再打这个电话,但他必须这样做。晚上,又接到了其他公司的第二轮面试,同样婉言谢绝了,同时还谢绝了一个银行的面试邀请。也许过些天,还有其他的面试笔试,他也会一个一个谢绝。有时想想真怪,之前的将近两个月里,他投了无数单位,只有两家地产公司给了笔试机会,那时真的很郁闷,银行到现在也只有一家笔试。但他没有放弃,一直海投,相信总会有收获的,之后一个接一个的笔试和面试都来了,而且大多数是证券公司,都很不错,还有一家公募基金,以及其他一些公司。这半个月他一直处于忙碌之中,但很充实。

有件很巧的事情,某天他本来去参加房地产公司的笔试,上午10点左右过去,发现那个教室在上课,就很纳闷,于是去"机房"上网查查时间和地点。到了那里,他发现桌子上有一个很好看的女式手机,就去管理处那里告诉有人丢手机了。管理处让他留下联系方式,然后让他把手机带走,如果找到失主就让失主去找他。他在手机里发现她家人的电话,就通知了她的家人。过了一会,失主打来电话,他让失主到寝室取手机。经过一番核实,张骏将手机还给了她。也许这件事情为他积累了口碑,过了一段时间后,笔试和面试就接踵而来了。世事真是神奇啊!

再后面来的一些银行面试,他同样婉言谢绝了,他决定就去大公司的研究部门了,那可是他梦想中的公司和部门。

四、再涉职场

毕业季永远都是伤感的,但张骏的伤感没那么强烈,大部分同学还是在上海,以后相聚的机会还有,可真的会经常相聚吗?

他们答辩完就要准备拍毕业照了,从学院租来硕士学位服,穿在身上真有那么股学术范儿!

学校在3月8日就要求大家离校,也没给更多的时间过渡,真是人未走茶已凉啊!张骏赶紧到网上找房子,公司在核心区,房租都很贵。他刚毕业才4 000元的月薪,住不起好的一室户和两室户的单间,他还是想多找些人合租,省下一大笔房租。

他在租房网站上逛了很久,突然发现公司附近的路上有一套房屋室内非常干净整洁,是个群租房,只剩下最小的隔间出租,一个月只要700元。他决定立马拿下,赶紧给房东打电话。房东是位女士,告诉他房间下午就有人过来签约,张骏说他马上打车过来付押金和三个月租金。放下电话,他就打车从学校一路赶到公寓,见到了一个很有气质的女士,立马签好了租房合同,然后就心满意足地回去了。

这就是他的风格,说到做到,雷厉风行。比他晚到一个小时的租客就没机会了,看到机会一定要第一时间抓住,否则追悔莫及。

女房东姓顾,张骏亲切地叫她顾姐,她对入住租客的要求很高,对于那些来路不明或者看起来素质不高的一般都拒绝入住。她特别喜欢和租客"打"成一片,经常和租客聚会,请租客吃饭,打扫房子的公共区域卫生,还制定了公约,要求租客都严格遵守,所以租客住起来特别舒服。对于那些经济条件一般的租客,有时候还会减免一部分租金,但对违反规定的租客她就会下逐客令。

除了她人很好之外,她的先生和女儿待人也很和善。张骏在南方待了这么多年,这么友善的一家人很少遇到,他视顾姐如亲姐。

顾姐是个很有眼光的人,她经常夸张骏是个有能力的人,别看现在只住这么便宜的小房间,但感觉张骏现在只是蛰伏,以后肯定会成功。

张骏住的公寓离公司很近,走路就十分钟。但附近有酒吧,半夜很吵,经常有人喝醉闹事,路朝南方向的尽头还有家夜总汇,但他从来不去。

3月10日他到公司报到,毕业生里就两个人来上班,另一位是博士。资深研究员主动找到张骏,问他是否愿意做他的助理,张骏本来就是学金融专业的,当然愿意了。张骏给研究员老师看了他发表过的核心期刊论文。老师看了之后没说什么,基本同意张骏做助理,马上给他安排一个大课题,要求半个月内完工。张骏压力很大,这可是给投行做的真实课题,用来竞标IPO承销商的。他在老师初稿的基础上进一步修改,日思夜想想出了两个创新,最后竟然没有修改就通过了研究员老师、投行和拟上市大公司的审核。

初试牛刀就得到研究员老师的认可,张骏越来越有信心。

3月下旬,美国一家公司倒闭,引发了经济危机,但此时国内股市继续上涨,完全忽视这个风险。他开始研究有毒债券,写了一个海外市场周报,认为美国一些持有有毒债券的大银行可能会有倒闭的,但研究员老师并没有重视。

新股报告任务很重,研究员老师经常要求张骏熬夜加班写报告。每次写好都有很多错误,老师就一点一点指正出来,时间久了,张骏做事更加细心认真,逐渐得到了老师的认可。

张骏爱好摄影,但因为读书时没钱买不起相机,他直到工作几个月后才用工资买了一台松下卡片数码照相机,去开会时给同事拍照,还拍旖旎的自然风光。

31日是个永远值得记住的日子,因为利空股市开盘暴跌,无数股票跌停,而且连续数天跌停,这件事让他知道什么是系统性风险。

转眼到了7月份,作为新入职员工,张骏必须参加新员工三周封闭培训。一起参加培训的还有100多名来自全国各地的同事。大家分成了很多小组,精诚团结,共同进步。在培训的过程中,张骏感触很多,写了一篇名为《第二次才是成功》的心得。

来到培训基地已经一周有余,经历了许许多多,颇有感触。

因为曾经工作过,本以为不会再有刚毕业的学生那种迷茫,以为自己经历了很多工作上的事情,很多东西应该自然而然地明白,但是一周下来,发现很多事情并不是想象中的那样。

记得考研那一年,他做到了连续复习十个月、每天学习九小时,风雨无阻,却不感到疲劳,精神意志得到了空前的磨炼,就以为从此再也不害怕困难。但是第一天的拓展训练却让他一度有了放弃的念头。在"冰海沉船"的训练项目中,每队20人,11块砖头,站在砖头上全部过去,砖头很小。因为是队长,理所当然地承担起了最后一名弯腰捡砖的人,但他却低估了这个任务,因为这对一个人的体能是个极大的挑战,因为低估了困难,导致全队在过了5块砖后而失败,只好重来。此时,有的队伍已经做得很好,所以,他们调整了策略,张骏换到了中间,挑了一个身体强壮的人担当最后捡砖者。

但是,此时张骏的右腿已经严重疲劳,有抽筋的迹象,站在中间,腿也不停地哆嗦。慢慢地,左腿也开始哆嗦,他很害怕,害怕受到惩罚吗? 不是,他害怕的是如果因为他的倒下而使全队再次受到牵连,真不知道该如何面对队友。可是那个时候,队友不知道,他的腿有多么难受和疲劳,双腿和整个身体都在晃动,站在一块小小的砖头上,甚至连身边的人都感觉到了他的巨大晃动。他该怎么办,那时候他好希望天上的乌云快点下雨,越大越好,使活动终止。可是这个小小的愿望没有实现,哗哗落下来的只有自己的汗水和意志,越来越难以忍受身体的折磨,此时的腰也开始剧烈地疼痛,因为腿已经没有劲了,他只能靠腰部力量支撑身体,但是,腰部力量也是有限的,他感觉到快要窒息了。有时候想想,倒下算了,装作晕倒,既可以逃避责任,又可以不用再受这份罪了。

可是,心里总有一个声音告诉他,不能这样子,良心会不安。他开始咬舌头,使劲地咬,用疼痛来抑制大腿的颤抖,他好怕万一哪下没控制住把舌头咬下来。时间一分一秒地过去,还有最后一块砖头,意志快要崩溃了,终于结束了,张骏躺在地上一动不动。没想到曾经以为很坚强,今天竟如此狼狈不堪。为了弥补过失,他对队友说,初中时做过三角倒立,现在想再次挑战一次,毕竟十几年没有做过三角倒立了,如果还能做出来,就是好样的,结果还是第二次才做成功。

其实回头想想,人生在世,有几个人是第一次就成功呢? 当年考研是第二次才金榜题名,现在的"冰海沉船"又是第二次成功,三角倒立仍然是第二次才成功。这些普通的事实告诉一个道理:只要肯努力,永不放弃,自信,总有第二次成功的机会!

8月,张骏买了一本《贪婪、欺诈和无知——美国次贷危机真相》,从头到尾仔细阅读,还写了一篇读后感:

前阵子仔细研读了这本书,主要的理由很简单,次贷危机的杀伤力超过了想象,为什么?次贷危机背后的真相到底是什么?

读了之后,对于一个对经济知识尚处在探索阶段的人来说,获益匪浅,想把一些感悟和大家分享。

首先,这次危机的本质根源在于美国政府放任风险的扩散,忽视了监管。

一个毫无借款能力的人可以轻松地从银行获得信贷,这样的初衷也许是为了让穷人也能住上房子,但其实是为了业务背后丰厚的利益。随着利率逐渐走高和优惠期的结束,这些借款人没有能力还贷导致贷款违约率大幅上升,建立在这些基础上的次贷衍生产品就崩塌了。

但在发展这项业务的时候,相关的监管并没有跟上,是不知道这些业务的危害还是另有隐情,就不得而知了。但必须加强对金融创新的监管,这已是大家的共识。

次贷危机的杀伤力不在于次贷本身的损失,而在于由此引发的信用危机。次贷本身的业务量并不十分巨大,但经过资产证券化后,扩大了规模;由于收益率很高,华尔街的投行利用杠杆交易,在证券化的基础上又放大了几十倍的规模;保险公司也参与了进来,通过担保进一步放大了规模。这样的后果就是,一旦衍生产品的基础产品发生了大量违约,衍生产品就崩溃了,投资人不再信任原先信任的投资评级,引发了对其他健康产品的担忧和信任危机,从而导致全球资产价格的大幅下跌。

因此,第二点就是信用体系的重要性,它支撑了全球的交易。一旦人们丧失了对这种信用的信任,全球危机就出现了。各国大规模注入流动性进行救市就是为了挽救这种信用的丧失,但失去的马上能恢复吗?任重而道远。

从这一点引申出去,美国政府让雷曼兄弟公司倒闭是一个败笔,本来只需要付出几百亿美元的代价却付出了几万亿美元。人们不禁要问,一个上百年的信誉卓越的大投行可以说倒就倒,那还有什么不能倒闭呢?人们的恐慌开始蔓延,就是源自对信用丧失的恐惧。后来"两房"问题和 AIG 集团危机,美国政府不敢再漠视,一旦倒闭,全球经济离崩溃就真的不远了。

虽然救市可以暂时缓解人们对信用危机的恐惧,但大量流动性注入市场,使本来就泛滥的美元更加泛滥,犹如打开了潘多拉的盒子,另一个魔鬼已经出来了,就是未来美元的进一步泛滥,未来世界的通胀压力依然很大。眼下的通胀压力有所缓解是因为需求放缓,但经济衰退不必然伴随通缩,历史上发生过严重"滞胀",我们不能忽视它的存在和危害。

第三点的体会就是本应该由政府提供的准公共产品却被市场化了,为穷人提供住房或者租房本来应该是政府的职责,却被市场化了,由银行提供贷款,并放松贷款标准,埋下的地雷终于在今天引爆了。

最后一点,我们低估了美国的次贷危机的负面影响。次贷危机初期，我们只是从购买的一些次贷资产角度考虑损失，没有及时公布所持有美国的其他债券明细。如果能够及时公布，做到信息披露规范和透明，就完全可以认识到危机的伤害，避免后面的一系列危机和损失，包括雷曼发行的债券和平安投资富通损失。

在户口从街道转到公司集体户口这件事上，张骏发火了。人力资源部一直没有把他的户口落进公司集体户口里，因为集体户口满员了，但又不通知他，让他的户口空悬了四个月，还推诿给总裁办，总裁办又推回给人力资源部。人力资源部很多人都是关系户，人浮于事，张骏心里非常厌恶他们，最后他找到人力资源部总经理商量如何解决这个问题。最后的解决方案是人力资源部在人才交流中心开一个户，但要张骏自己去办，他是公司第一个托管在人才交流中心的员工。这种事情本应该人力资源部去办，但他们一个个都像大爷似的，张骏只好自己去办。

除了这件烦心事，张骏在工作上非常用心，公司里有个专门负责报告摘要翻译的老师，半夜工作，白天休息，张骏觉得有必要帮翻译老师分担一部分压力，他自己翻译负责行业的报告摘要。为了达到严格的翻译要求，他找来很多外资投行写的行业分析报告，开始研究专业英语，经过几天学习，他开始着手翻译，并和翻译老师沟通，经过几次实际操作达到了翻译要求。

有一天研究所内部开会，大领导突然公开表扬了张骏，说他工作积极主动，其他新同事也开始纷纷效仿他，翻译行业报告摘要。

为了补充服务客户的不足,大领导从新同事中挑出一些人通过电话服务异地的客户,兼顾研究和服务双重职责。张骏负责北京六家客户,一年做下来反响不错。他把所有行业的研究报告都通读一遍,然后找到各行各业的关系,并联系起来分析,所以在服务客户时游刃有余,显示出很强的专业性。

10月份他被派去北京出差调研,回来后就认为股市到顶部了,媒体还在鼓吹黄金十年。张骏认为如果下跌,按照我国台湾过去的经验会跌40%多,他建议亲戚朋友卖掉股票,还阻止他们继续申购基金。后来股市果然开始回调,但很多人还是认为只是短期回调,迟早会再涨上去。

小王是张骏在实习时认识的朋友,人不错,他也经常给她一些关于股市的看法和建议,小王为了感谢张骏,还送小礼物给他,张骏感觉没有白交朋友,因为她懂得如何做人,对别人的帮助懂得感恩。

12月份,他在撰写下年度报告的时候,建议指导老师看空,但老师没采纳,还大幅上调了目标价。

到了年底,大领导建议让他转为专职的服务经理,但张骏觉得自己的研究功底还是比较薄弱,希望再干一年研究,以后有机会再转服务经理,大领导尊重了他的选择。

第二年2月份,某公司宣布巨额再融资,股市继续暴跌。他跟领导申请去北京出差拜访大客户的投资总监。张骏为这位投资总监服务3半年,第一次见到的时候感觉他人很好,他们公司里很多同事都是他的粉丝。

股市仍在继续下跌！印证了张骏最初的看法。

8月某天，很多研究员包括张骏和某金融大公司副总裁一起午餐，聊起次贷危机，副总裁认为还没到最严重的时候，认为会有大机构倒闭。到了9月，由于受次贷危机影响，美国雷曼兄弟公司出现巨额亏损，申请破产保护，引发全球金融危机，全球股市暴跌，美国花旗银行、保险巨头AIG、美国银行等等都暴跌。

国内同样暴跌，反复抄底的资金都被套死了。等到真正底部到来时，已经没人敢抄底了。

部门管理层开始变动，新的负责人建议他去外地做专职的服务经理，他没有办法，因为不想得罪新领导，同时觉得他负责行业的研究没啥前景，就答应新领导说可以去外地工作，但每个月公费回来一次，一年后再正式调他回来，新领导同意了。

对于如何应对金融危机，张骏认为解决危机的最好办法是减税而不是过度投资，政府推出巨额投资计划会导致股市暴涨，还会导致房价再次上涨，但他开始以为不会持续太久，就一直没有下手。

2月初，他飞往外地，开始了新的职业生涯——服务经理，服务七家客户。他努力工作，连续三个季度业绩上升。但他在外地很无聊，朋友不多，没事就研究经济和股市。

新领导管理出了问题，他为了防止新人跳槽，不让他们这些新人参评业内第三方评选，而且没有迹象表明调他回总部，张骏认为到了该离开的时候了。经过朋友介绍，张骏和一家中型公司的销售负责人杨总初步接触了一下，聊得不错。

他正式到新公司工作,刚到新公司,他处事原则就是低调谦让,不抢其他同事客户,最后听领导和同事安排,让他负责九家中小客户,都是别人嫌弃的客户。

他工作很辛苦,事无巨细,认真策划每一项小活动,赢得了同事和领导的赞赏。

从3月份到6月份,由区域负责人牵头,同事小王和他协助组织客户篮球联赛,整个部门的同事都帮助他们一起组织活动,过程很艰辛,事务很繁杂,但结果非常完美,得到了所有客户的表扬。

从8月份开始,他上微博看信息,发现信息量很大,了解到很多以前想不到的思想和价值观,颠覆了他原来很无知的看法。后来微博的影响力巨大,网民通过微博掀起了网络反腐的浪潮。

9月份部门组织去国外旅游,张骏带着松下的卡片数码照相机给大家拍照,但拍照效果很普通。

第一次出国让张骏非常兴奋。看着著名的剧院、美丽的海港、大桥,他很是震惊。美术馆和动物园非常有当地特色,动物很可爱。还吃了新鲜干净的龙虾和帝王蟹,相当便宜。晚上参观了当地居民的住宅,真是羡慕生活在那里的老百姓!现在移民的人越来越多,张骏都羡慕了。他逛商店时还买了很多补品,带给家人。

从国外回来后他觉得卡片机已经满足不了他对摄影的要求,去北京出差时顺便见到了老朋友,朋友带他去中关村看单反。这一行,也算长了见识。在北京没买成单反相机,回去后在摄影城买了尼康中端的单反相机，配了两个变焦和定焦镜头，张骏从此爱不释手。

在行业评选报名之前，他跟区域负责人说起行业评选的重大意义，结果在报名截止后，部门居然把他们几个人的报名给漏了，气得张骏发火，还好及时跟评选委员会打电话补上报名。

张骏继续努力工作，服务好客户，结果张骏在当年底的行业评选中榜上有名，他对自己的努力非常满意，也得到了领导和同事的认可，年终考核进入最优秀行列，又是升职又是加薪。

其他三个同事也榜上有名，这下把部门和公司领导都震惊了，他们从此开始重视这项行业评选。

公司要上市，因为保荐投行搞不定客户的接待级别，惹得董事长发火，公司要求张骏他们部门负责安排客户董事长或者总经理出席接待，他们凭借平时服务的积累，最后圆满完成公司交待的任务，得到董事长认可，奖励部门功臣集体去云南旅游。

张骏去云南旅游，用新单反拍了很多美丽的风景照片，还给很多同事拍了照片，他们开心极了，张骏心里很满足。第一天到云南，大家在古城的酒吧里唱唱跳跳，喝着黑啤，真是开心！后来到了高原，先在国家公园里游览，太美了！晚上住在典雅的酒店里，高原反应还是有一些的。最后到了雪山上，高原反应加剧，头有些疼痛，但看着壮丽的雪景，心旷神怡，一切辛苦都值得。

下一年他的压力更大了，但动力也更足，这一年一定要争取行业评选再次上榜。为了得到客户认可，他更加努力勤奋。3月份他感觉市场不好,大胆地看空,因为没有啥好股票推荐,他就加大了服务力度。

到了10月,为了扩大在客户中的影响力,他们包了几场电影邀请客户观看,参与人数众多,层次较高,部分公司高管都出席了。

此次活动影响力巨大,场场上座率较高,在客户中传出了好口碑。这次大型活动他们特别注意了很多细节并创新了服务手段。

为了能在行业评选中上榜,张骏总结了当年的推荐业绩总结,发给客户,得到客户认可与投票支持。

11月初公司再次组织去发达国家旅游。在发达国家的7天,他的感触比上一次还要深刻:物价便宜,交通有秩序,文明礼让,环境干净,他想将来有机会一定要再来发达国家玩一次。最后一天,听说另一个行业评选他们进入前三了!大家非常高兴,辛苦努力终于得到了回报,不知道最重要的行业评选战绩如何,他估计应该不会差。

年底最重要的行业评选公布上榜名单,他们团队荣获第一名,参评的几个人非常团结,每个人都上榜了。这样的团队和个人成绩在最重要的行业评选历史上位居前列。

因为业绩继续大幅增长50%,行业评选上榜,公司给他再次升职加薪,但在取得了这么多成绩的时候,张骏感觉在这里的发展遇到了"瓶颈",因为平台不大限制了他的视野,而且张骏一直想成为区域团队的负责人,带领区域团队继续创造佳绩,可是现在的负责人做得很好,他不想抢位置,还希望以后继续成为好朋友。所以当他听说以前的老领导去了新公司做副总裁时,就动了跳槽的念头。

五、小露锋芒

他非常了解老领导,老领导在工作中以身作则,业内影响力很大,虽然新公司是一个很一般的公司,但相信老领导去了一定会带来深刻的变化,他决定赌上一把。

"王总,我是张骏啊,您下周有空吗,我想看看您,顺便聊聊工作上的事情,不知道您那边是不是缺人手?"

"好的,小张,你周一上午过来吧!这里很缺你这方面的人才!"

周一张骏见到了老领导,他简单地向老领导汇报了一下工作近况,尤其是刚刚获得业内影响力巨大的评选奖项,为他跳槽提供了很好的筹码。老领导问他:

"小张,你来这边有什么要求吗?"

"我离开原来公司是因为没法负责区域团队,所以希望来这里可以负责一个小团队,以后有机会带整个区域团队,另外固薪希望能比原来高30%。"

"我让部门负责人李总和部门分管副总冯总跟你聊聊细

节。"

李总和冯总都是女性,李总年纪较大,看起来很干练,冯总是个年轻人,张骏一年前通过猎头见过,也算是熟人。所以此次面试主要是李总,老领导和冯总旁听。

一周之后,冯总联系他,跟他确认职务和固薪,职务是总监,和现在的区域负责人级别一样,固薪满足了张骏要求。他随后和原公司提出了离职申请,领导再三挽留,他说明了理由,是为了个人的职业发展,希望领导理解。为了感谢原公司的部门领导,他还写了建议,指出哪些地方可以改善。

张骏离开了原来公司,那里还是很值得怀念的,和团队几个同事相处得很开心,从很薄弱的基础开始奋斗,两年来一起努力获得了很多荣誉。

张骏在春节后到新公司报到,第一天就见了部门总经理李总。

"小张,你来这里有人是持保留意见的,所以要学会先做人,后做事!"

"您放心,我一定谨记!"

为了和新同事建立良好的关系,他坚持不抢好客户,冯总最后分给他五家客户,都是同事不愿意服务或者难以公关的,只有一家算大客户,但收入不高,其他基本都是鸡肋。虽然他没说什么,但明白是冯总有意为之,因为他跳槽过来冯总是不同意的,但迫于老领导和李总的压力只能同意。客户少且不重要,这样张骏的重要性就显示不出来了。但想到李总的交待,张骏还是忍了。

为了让新同事接受他,他坚持低调做人,虽然是总监级别,但一点没架子,和同事尽量愉快相处。对唯一最重要的大客户也是全力以赴服务,经过一段时间,他的能力再次得到证明。

有些同事开始还是对他有抵触情绪,听说他是被高薪挖过来的,又给了总监级别,远在其他人之上,他们很多人都是干了很多年都没有升到总监,而张骏一来就是总监,其他人心里难免不舒服。

有一天,张骏给一个年纪大的方同事提了一个建议,方便大家统一安排工作,但她直接说:

"原来的做法我们已经做了很久了,不需要你的建议!"

张骏听了没有说什么,只是回答道:

"那就先按照你们原来的做法做吧,以后有更好的再改进。"

刚来新公司没两个月,他母校的学生会联系到他,希望他给大一新生和研究生新生做个演讲,有关学业和工作方面建议的。他推脱了一下还是没推掉,只好硬着头皮接下了。

……

"下面我说说我做服务的心得:我和其他很多人都不同,我做服务的重点是通过营销自己来处处为客户着想。对客户的需求第一时间反应,坚持把客户当作朋友,即使不再是客户,也会继续做朋友,这些人后来很多都愿意帮我,付出总有回报的,不要光看眼前,要着眼于未来。此外,多和同事和同行学习,他们有很多可取之处。就讲这么多,谢谢大家!"

因为讲得非常务实,结束后很多学生主动要求他的联系方式,很多都互相加了微博。

他刚进公司的时候,为了和冯总搞好关系,经常向她汇报工作,开会的时候也尽量坐在她身边,方便及时沟通。因为他知道冯总对他的到来是持保留意见的,唯有如此,才能化解这种偏见。因为冯总对政治八卦传闻感兴趣,他总是第一时间告诉冯总,那段时光是两个人关系最融洽的时候。

可惜好景不长,在5月份发生了一件事,让他和冯总产生了矛盾。张骏和一个大客户搞了场联谊活动,李总不来,冯总也不来,最后还是兄弟部门的领导来捧场,但在结算费用的时候,冯总却想把一些不是此次活动的发票塞进去报销,张骏不同意,如果财务查账发现问题,责任可都是算在他头上,而且没办法和财务解释发票的日期和联谊活动的日期不一致。冯总看见张骏拒绝,脸色明显不高兴,因为其他同事都这样做,只有张骏比较谨慎,一直不肯这样做。

6月份冯总想招两个实习生,但这个面试辛苦活她自己不愿意做,就推给了张骏。他做事一向非常认真,哪怕招聘实习生这种和他关系不大的事情也是如此,他一天面试了十八个候选人,嗓子都哑了。在面试过程中,一个助理跑进来,把一个简历递给他:

"张总,这是我学妹的简历,她想参加面试,您看能否通融一下?"

"你事先为什么不和我打个招呼就直接进来呢?"张骏很生

气,觉得这个助理太不懂规矩了,而且助理提交上来的简历他知道是谁,就是母校学生会负责接待他的女生,但通过走后门的方式在他这里行不通,还是要通过正规渠道来面试。

最后选了两名实习生,但到了李总那里却被卡了下来:

"小张,招实习生的事情有人跟我打过招呼了吗?"

"李总,是冯总让我面试的,其他的情况我不太了解。"

"你通知冯总,就说我不同意招聘实习生,就是招了人力部那边也不会支付实习生工资的!"

张骏夹在中间,左右为难。实习生事件就这样不了了之了,浪费了张骏一天的口舌和心血。

其实部门有两个助理是通过关系进来的,至于走的谁的关系,张骏不关心。不过他觉得助理就是助理,不是秘书,更不是家仆,不应该做些职责之外的事情。冯总经常让业务助理帮她买菜,付水电费,甚至让一个女助理用胶布帮她粘衣服上的毛,冯总站着,女助理蹲着,他看了很难受,对冯总的人品更加看轻了,这不是他想追随的领导!

张骏爱好摄影,之前买的尼康中端机效果一般,就下定决心升级尼康高端机,配了好的变焦镜头,实拍下来效果确实很好。

部门计划9月份组织客户去西藏开会,冯总主动跟他说陪同去的人里有他,让他帮客户拍照,他当然感谢冯总的支持。后来李总说去的销售太多,要削减名额,这时冯总和他说:

"李总跟我说了,说你去西藏给客户拍照是为了旅游的!"

张骏听了很生气,摆明了冤枉他,就给李总发了一条短信,

问她是否对他有意见,才会说他陪客户去是为了旅游,结果李总的回复让他很吃惊:

"我没说过这样的话,你和冯总的矛盾不要牵涉到领导!"

这时候张骏明白了怎么回事!原来冯总在挑拨离间!他想开始逐渐远离冯总了。

9月份他还是陪客户去了西藏开会,到了西藏,他一路上扛着6斤重的摄影装备,不顾高原反应认真地给客户拍照,客户对他的摄影技术赞不绝口,反映很好,给这次活动留下了美好回忆。

他和冯总还是有说有笑,冯总还让他帮忙拍照。这种气量他还是有的,不能因小失大。

11月份开始又是业内评选的季节了!他为了能够评选上,自费把平时拍摄的风景照做成台历,作为小礼物送给客户,还顺带营销了自己的摄影技术,方便以后给他们和家人拍拍照,拉近与客户的距离。

他平时坚持七点前通过短信服务客户,让客户一大早就能看到他的服务,通讯费用都是他自己掏腰包。多年的持之以恒持续得到客户的认可,当年的评选他又入选了。他的客户很少,能够入选相当不容易。

这一年张骏看了一部小说《二号首长》,获益匪浅,让他明白了很多官场和职场上做人做事的道理!

六、历练成长

为了加强部门同事之间的协作,李总决定去外地搞个拓展活动。

她交待给冯总拓展前先找一个培训老师给大家培训如何做好服务,培训好再出发去外地拓展。冯总找来了一个她认识的朋友,讲的是性格分析,好像和如何做好服务关系不大,费用却要几万元,李总对此非常不满,在听课的中途离场。

下午大家一起坐车去了外地,集体活动是真人CS,张骏虽然是第一次玩,但他天性敏捷,喜欢运动,而且善于思考,所以在对战中连续两场拿了个人第一,帮助队友打败了对手。但冯总却没有参加集体活动,而是以在宾馆帮忙组织晚上的活动为由待在宾馆,其实是对上午李总中途离开培训现场表达不满,这样李总对冯总更加有意见了。

到了晚上,大家在宾馆组织活动,由培训老师负责组织游戏活动,游戏前大家每个人排号,分为1、2、3、4,拿到同样数字的分为一组,结果某组人数特别少,某组又特别多,特别多的就是冯总那组,原来很多和冯总关系好的都跑到冯总那组了,而不管自己抽到的数字是几。李总叫大家重新分,但冯总那组的人居然不动地方,置若罔闻。李总当时就发火了,强令重新分组,才有少数人起身到别的组。

这次培训的效果很差,而且把李总和冯总的矛盾公开在大家面前。

和张骏同级别的还有个总监,名义上是区域负责,其实是冯总的跑腿。她真是啥活不干,还和冯总一样,整天指使女助理帮她倒茶水、打盒饭、付水电费单子,这哪里是部门的助理,分明就是个家奴嘛!

张骏很看不上她,能力和品行都不配现在的位置,下面的同事对她都非常不满。

张骏对她的不满终于因为一件事爆发了。

过年前,有同事发现一个男助理的桌子上放着责任书,就随手翻看了一下,居然和当初签订的任务数字不一样,就反馈给了张骏。张骏并没有马上跟李总汇报,而是叮嘱这位同事先去找李总提一下这件事,第二天张骏再去找李总汇报,这样就可以避免让李总误会是他个人在找茬。毕竟群众的眼睛是雪亮的。

这个名义上的区域总监居然还私底下找每个同事聊天,威胁说:

"李总过两年就退休了,以后就是冯总说了算,要考虑清楚啊。"

张骏听了这些话,理都没理她,就说了句:

"没别的事,我先走了。"

张骏为什么紧紧抓着这件事不放?因为篡改合同可是违规违法的,当然,这也是撤掉她的理由。某天中午,他还被老领导叫到办公室,了解了一下他的想法和有人篡改合同的情况。他如实反映了想竞争实际区域负责人的想法,同时反映了目前管理上存在的问题。

事情就是现在名义区域负责人做的,不过是在冯总的指使下篡改的,但最后还是让这个名义上的区域负责人背了锅,但当时只是批评了一下,并让她向大家道歉。

张骏找到李总,不满地说:

"李总,篡改合同是要负法律责任的,就这样批评一下了事?下面的同事都不满,已经没人服她了!"

"小张,我会考虑的,会有处理结果的,再耐心等等。"

张骏听了,没再说什么,回去准备竞争上岗的事情,一定要取而代之,改变糟糕的风气。

但可能是冯总的坚决反对,张骏这次竞争上岗实际区域负责人没成,但保留总监级别,没有实际管理职责,原来的那个被降职,由冯总兼任区域负责人。

一场没有硝烟的内斗仍在继续。

又过了几个月,李总建议推荐张骏参加后备管理干部培训,但冯总仍然坚决反对,但这次反对无效,张骏还是去培训班报到了,脱产培训一周,结业的时候他还是有很多收获的。

经过集中培训,他在如何管理好自己和如何管理好团队方面提高了认识。

首先,要善于聆听他人的意见,多站在对方角度考虑问题,包括如何与同事和谐相处。

和同事相处时，同样要多听他们的想法，尤其是职位低的同事，他们的进步与你的帮助是分不开的，如果不注意聆听，就不知道他们的诉求在哪里。

其次，要以身作则，因为以身作则是说服别人的唯一途径。也就是说如果想提高自己管理团队的水平，先要提高管理自己的水平。现实中很多管理者都不懂得以身作则，实行双重考核标准，怎么可能管理好团队？

根据以往的观察和经验，大多数管理不善的团队都是因为带头者不以身作则，甚至违反已有的规则。这样的后果就是团队成员无法同样遵守规则，长此以往，团队就会一盘散沙，没有战斗力。

在行业从业6年多，无论在什么岗位，他都严格以身作则，只要是规则制定好，都会严格遵守。比如准时参加会议，遇事提前请假，按规定穿西装打领带，及时完成各项工作，严格遵守财务纪律，等等。

再次，必须加强自身品行的修养。因为管理者的品行是决定员工去留的最重要因素，员工虽然慕公司之名而来，但却往往因经理而走。

作为管理者，不能只关心上级领导的任命，而不关心下级同事的认可。要想让下级同事心服口服，必须要自身人品正，才能赢得下级同事的尊重。

他一直努力告诫自己，要做一个诚实、正直、平等待人的人，因为人本来就是生而平等的，如果因为职务比别人高就颐指气使甚至欺压下级，那么迟早也将被人抛弃。现实中此等例子比比皆是，应深以为戒。

第四，真正的领导是希望部下成长的领导。

作为管理者，一定要把自己最先进有效的经验和同事分享。他的专业能力和职业精神也在潜移默化地影响同事，希望和同事共同进步。他经常帮助职务较低的同事减少错误，提高做人和办事能力，得到他们的正面反馈，经常向他请教如何做人做事。

现实中也有反面例子，经常压制下级同事的成长，最终被下级同事从内心抛弃，成为失败的管理者。

张骏在6月底拿到了去年的奖金，大幅低于预期，而且在3月份还被冯总告知从3月份开始发的固定月薪里要扣除一半，拖到下年的年终奖一起发，这和他来时谈的完全不一样，管理岗位也没有交给他。因此，他非常失望！他拿好奖金就去找了李总，准备推心置腹地和她好好谈谈。他把这一年多观察到的部门情况汇总成文字并做了口头汇报，在那个冯总的带领下他所在的子部门非常混乱，他说如果没有改变的话可能会在一年内离开。

然后，7月份部门总经理李总就准备让张骏担任区域最重要的分支团队负责人，向冯总汇报，再新组建另外一个分支团队，直接归冯总管理。但冯总心胸狭隘，仍然坚决反对张骏担任区域最重要的分支团队负责人，怕他威胁到她总负责人的地位。

他第二次找到老领导，这是他第一次主动找老领导，反映冯总问题,最后老领导没有反对,就说如果下面同事没意见,他也没意见。

于是部门历史上第一次"全民投票"出现了,计划内部投票决定区域最重要的分支团队负责人花落谁家。

这个冯总居然私底下威胁其他同事,要求他们不能投张骏的票,而是投她另外推荐的人选。但民心毕竟是民心,平时她瞒上欺下,大部分人早就心存不满。在内部正式投票时,张骏还做了简单的竞选演说。

虽然冯总使用了种种伎俩阻挠张骏当选,但最后仍然过半数当选:12 票里 7 票赞成。原来承诺投张骏票的一个助理又倒向了冯总,估计是给了她一些甜头。

两周后,张骏正式就职区域最重要的分支团队负责人。

张骏从 5 月份开始组织和大客户的足球联谊活动,每次都叫上同事,包括一个重要同事,他组织的足球活动张骏也都参加,和他保持良好关系。经过半年左右,张骏成功减肥 14 斤,效果明显。在踢球的过程中,也让那位重要同事对他有了更深地认识和了解,消除了以前的一些误会。

他做了区域最重要的分支团队负责人后,不定期开一些业务协调会,以便提高效率,同时努力提高收入;他负责协调服务人员的客户分工和资源协调,以前容易造成内部矛盾的几个盲点得到解决;同时,他还重视团队建设,加快培养新人。

下半年随着实力上升,收入增加比较理想,绝对量和份额都在不断上升。年度行业评选,他们全力以赴,最后竟然创历史纪录地拿到了第一名的佳绩！这让全公司上下都特别振奋！张骏总共待过三家公司，总算在这里如愿以偿，在第一名的团队里效力！

除此之外，他负责的区域团队勇夺区域第一！他本人也再次获奖。

张骏早就知道冯总不会派他公费去外地领奖，就提前和李总说休假自费去外地参加颁奖典礼。李总让他推荐一个组员去参加颁奖典礼，他推荐了一个女生，她第一次参评就入围，让她去见见颁奖盛况！李总夸他有谦让精神，他觉得这样做是应该的，做负责人不能什么都想着自己。

冯总却霸占着公费名额坚持要去外地领奖。

到了外地，她见张骏休假自费来的，就当着张骏老领导的面虚情假意地说，回去给他报销，张骏回复："没这个必要。"

年底部门在本地召开年度客户会，没人负责客户一对一交流的协调工作，冯总知道这活又累又得罪人，就把工作交给张骏和一个助理做，她知道张骏认真负责，就给他派累活，如果有了业绩就是她的功劳。

晚上张骏和助理熬了通宵才做完，第二天一早开会，七点前他发给所有人，结果当天就感冒了，之后半个月感冒都没有好。

到了次年1月份，部门推举先进集体，李总想推张骏负责的分支团队，但冯总非要推荐整个区域团队，但李总不同意，僵持了两个多小时，最后还是推荐了张骏负责的分支团队为公司"先进集体"，而没有推荐冯总负责的整个区域团队。

为什么有好处就反对张骏,有苦活累活就想着他!

他得知被推荐为"先进集体"很高兴,但知道冯总又在反对,心想此人还真是没有容人之量,如何做好领导?

七、经验总结

张骏第二年再次竞聘区域总负责人,李总仍然没有兑现给他的承诺,他还是没有被委以重任,只好想着再次跳槽。

猎头去年就找到他,给他推荐了一个小公司的部门平台,但当时推荐的职位只是区域负责人,他没有兴趣,他现在考虑的是做全国区域总负责人。但他仍然给了那个小公司部门总经理面子,去见过一次,然后加了联系方式,一直保持联系到现在。

这时,这个小公司部门经理郑总再次联系到他,约他见面,他考虑了一下,总是推托也不好,就见了面。

经过两次面谈,郑总许诺他三个条件:其一,工资全额发放;其二,进公司后就是部门副总;其三,两年后张骏负责的部门独立出去成为一级部门,他做负责人。这样张骏才答应进这个新的小公司,并向原来公司提出辞职。李总还想办法挽留他,可惜公司并没有提拔张骏,这种挽留有什么用呢?

然后张骏向老领导提出辞职,老领导把他叫过去聊天,询问了他的想法,最后祝福他一切顺利。后来老领导还给他写了一

封邮件,给他提了一些建议:

做事就是做人。如果不能修正短板,永远不能达到自己想要的高度。以下几点想法,供参考。

1. 做人不能太"独、毒"。平时要和群众打成一片,即使不喜欢的人,也不要在脸上表现出来,基本的礼貌要做到,博取上司和同事的好感。

2. 说话留三分余地。不要把话说绝,给别人也给自己留后路。工作上,即使很讨厌一个人,谈论时也不要加入个人情感,就事论事,客观讲事实即可。

3. 考虑问题深刻。投鼠忌器,不仅要看到表现问题,更要理解背后的影响。

4. 增加包容性。包容不同的价值观、不同的处理问题方式、不同的声音。学会聆听并肯定别人的意见。不要对别人的处事方式指手画脚。包容是一个领导基本的素质,海纳百川,有容乃大。真正的自信,来自内心的强大。

5. 不要太自负。学会欣赏你的敌人。学会尊重比你弱的人。

6. 不要对领导、同事讲出所有的想法。对事,表达到意思即可,言语要斟酌,理解上司的真正意图,清楚上司喜好。说话之前思量再三。职场上没有永远的朋友或敌人,小心被人利用。

7. 忌冲动。学会控制自己的情绪。莫意气用事。伤敌一千自损八百的事不要做,静待更好时机。

8. 做将军要会排兵布阵。冲锋陷阵的是士兵,一般会先阵亡。遇到事,先观察再决定进一步行动,先跳出来的人会成为众矢之的。达到目的的同时,更要保护自己体面周全。

八、重新启航

走之前,李总还给张骏举办送行宴,冯总还特地出席了,李总感谢张骏两年半的贡献。其他几个手下女同事不舍,有个女同事还差点哭了,哽咽地告诉他:

"你这两年多好不容易把我们这里的风气变好了,现在要走了,以后估计风气又要变差了!"

张骏也不舍得离开,无奈公司没有兑现对他的承诺。

他休息了半个月,然后去新公司报到。

等到了新公司,一仔细了解情况,才发现郑总之前说的经营数据有假,明明几乎没有,却说成了有一半。他就有点不开心了,郑总这人说话太忽悠了。等到公司正式任命,怎么变成部门负责人助理了?明明谈好的是副职!郑总跟他解释说,之前来了一个同事,给的就是助理,他俩是平级,不好超过。张骏心想:那个同事什么级别关他什么事!答应他的是副职,就应该给他副职,看来这个姓郑的是个大忽悠,不过暂时先不和他计较,先把业绩做上去再说。

郑总给他安排了一间独立的办公室,还重新换了家具,不过气味很大,他根本没法办公,只好跑到普通职员那里坐着。他在部门大会上作了自我介绍,履历还是很辉煌的,这个新公司部门运气好,靠三个承诺才把他忽悠过来的,否则他不可能从第一的公司团队来到这个小公司平台,他主要就是想靠能力做大做强,进一步证明自己。

他先要了解一下管理的团队,开始一共才7个人,都是没有任何辉煌履历的,而且都集中在本地区,只有两个是跨地区服务的,但频率也只有一个月一次,更多是和市场有关系的收入,并不是主业收入。而且大多数成员无所事事,没什么进取心,其中一个同事竟然被郑总招进来却没有负责任何业务,也不给他安排新的任务,任由他占坑浪费。

这个同事找到他,语调恳切地希望可以安排几个客户服务,张骏当然不想浪费人力,就安排了三个大客户,反正也没什么钱,先试试看嘛。经过10个月努力,这个同事终于搞定了一个大客户,结果他竟然辞职了,走之前都没有和张骏打声招呼!却和不给他安排工作的郑总打招呼,溜须拍马。后来听说他在新公司里闹出一个业绩丑闻,也是丢人丢大了。真是知人知面不知心啊!

张骏利用自己的关系,到处拜访客户,拓展业务,把原来几乎很少的主业在三年里增长了几十倍!还帮助下面的同事熟悉业务,督促提高业绩。但对不干活并且喜欢弄虚作假的下属,他也毫不手软。

其中一个在外地的下属,是郑总招进来的,每周跑马拉松,在外面还开了一个小店,张骏忍了,可是半年了一个新客户也没有开发下来,一分钱业绩也没有,张骏批评他几句,他还唧唧歪歪狡辩,张骏顿时火大了:

"你爱干不干,不干走人!"

后来没有给他转正,让他走人了。还有一个本地的下属,竟然对服务数据造假,被张骏发现并和客户核实了。其实只要他承认错误,以后不要再造假,张骏都可以留下他。但他就是死不承认造假,张骏最恨撒谎的人,只好把他劝退了,后来听说郑总给他推荐了一个更好的公司,看来郑总很喜欢这种溜须拍马的人啊!

还有个女生,也是张骏给安排了大客户并协助她公关,有了成绩就跳槽了。跳槽没毛病,跳槽前得把交接工作做好吧,做好了交接工作才能审批离职手续,结果她竟然威胁张骏:

"你和郑总要先批了离职申请,我才交接工作。"

张骏听了很生气,严厉警告她必须交接完工作才能批准她的离职。

九、整装待发

郑总在前三年里对他表面上还是挺关心的,冬天让后勤安排了暖气,但就是不给张骏最核心的管理权,包括人事任免、财务报销审批、下属的工资升降考核权。这对他的管理工作增加了很大难度,而且下属人员增加很少,其他开展业务的同事增加的也不多,服务客户捉襟见肘,但每年考核任务却翻倍。

但张骏通过三年左右的时间仍然把业绩几乎是从零做到几千万,行业排名也创纪录地排到第17,比来之前的50多名大幅提升,其中的艰辛难以言表。在行业评选排名时,他还大力帮异地下属拉票,尤其是北方区下属王霆。在帮部门营销时,他也是全力以赴。刚来公司时,他发现宣传材料都没有,而且停了一年了,郑总在他来之前为什么不恢复?郑总就是在等他到来改变现状。他在入职后三周就要求下属恢复宣传材料,并开通微信版,他在几百个群和朋友圈里营销部门宣传材料的微信版,想尽办法扩大部门的影响力。市场上的很多客户都知道他在帮公司扩大影响力。宣传材料的微信版拥有最高过万的点击率,但两年后被郑总莫名其妙停掉了,可能是郑总报复兄弟部门不帮他做业务,不给兄弟部门免费看。公司至今再无微信版宣传材料,没法继续通过这种方式扩大影响力了。

等到他问起部门独立出去的事情,郑总告诉他是副总裁阻止部门独立出去,但据张骏的了解,这实际上跟副总裁一点关系都没有。

张骏还在进公司三年后的公司战略会上提了部门新三年发展规划,但由郑总代他讲了,公司也同意了这个新规划。但让张骏意外的是,郑总竟然在次年初跟他说,不让他参与这个业务的新三年规划,让他另外负责其他不重要的领域。这把张骏惹怒了!

"郑总,当初你用三个承诺把我请过来,现在三年了两个重要的承诺都没有兑现!我没有怨言,还是努力帮你把业绩做了起来,现在要大发展了,你竟然想过河拆桥?我劝你收回刚才说的话,不然以后肯定后悔!"

"我这不是和你商量吗?"

"这是商量吗?你这是通知我!希望你停止这个决定,大家以后还有得合作。"

说完,张骏生气地离开了。前三年他和郑总合作基本都是顺利的。但有三件小事情他俩有过分歧。一件是奖金发放比例,被郑总擅自更改,事先没有和张骏沟通,张骏把自己的不满通过电话和郑总沟通了,当时郑总装作不知道,推卸给人力部门。事后却通过别人传话,说不信部门离开张骏就不行了。二是张骏拒绝了郑总安插的关系户到他手下,那个关系户素质太差,张骏明确说不要。既然郑总给他定了那么高的任务,他要想完成,就不能收这些无法干活的关系户。三是张骏拒绝了郑总安排他亲自带客户的想法,因为这违背了张骏进公司前说好的只做管理和带团队,不再亲自服务具体客户的要求。

张骏还是太讲诚信了,在郑总过河拆桥前还不计得失地帮郑总制订新三年发展规划。没想到,被利用完了,郑总就开始过河拆桥。更令张骏没想到的是,他以为郑总会在外面再找一个人取代他,但一个月后郑总没有纠正错误做法,反而变本加厉背着张骏提拔他的北方下属王霆,这让张骏更加愤怒!而且在随后的几个月里,王霆越级汇报,还在工作群公开诬蔑张骏没有为部门出力!

是可忍,孰不可忍!

王霆能有北方区域今天的业绩,没有张骏的帮助根本不可能做到!全部门的成绩难道是在王霆带领下完成的?负责人的作用就是把个体组织起来集体作战,而不是自己带兵打仗。没有他当初力排众议录用王霆,那时郑总因为她丑而不想录用她,并兑现承诺,会有现在攻击污蔑张骏的机会吗?做人要知恩图报,不感谢也就罢了,郑总和王霆还上演了农夫与蛇的故事。

既然郑总不仁不义在先,也别怪张骏不讲情面了。既然郑总鼓励王霆越级汇报,而且郑总刚愎自用不听意见,那张骏当然就可以越级汇报了。他直接找到公司几个领导,分别作了汇报,把部门为什么这么多年发展不起来的原因总结了出来,仅有的三年改善还是因为把张骏请过来才有的,现在还没有卸磨就要杀驴了!这会极大影响部门的业绩和发展前景。

但几个公司领导听了汇报后,只是做了轻微的反馈,并没有重视,郑总依然我行我素,没有纠正错误,仅仅在某次部门管理层会议上想和张骏及其他两个人谈谈。轮到张骏发言:

"你之前说过的两个承诺什么时候兑现,包括兑现部门副职职务和部门独立出去成为一级部门做负责人,再和你继续谈下去。"

"我没有跟你承诺过啊!"郑总无耻地回复到。

"既然你是个言而无信的人,那就和你没什么好谈的了!"说完,张骏离开了会场。他彻底和郑总决裂了。郑总通过王霆架空了张骏管理团队的职责,但没关系,张骏则反复和公司几个领导汇报部门的业绩持续下滑,收入排名从 33 名一路下滑到 38 名!而且,除了找公司领导汇报,他还找到了集团的一位高管,他们派人下来调查郑总的管理和财务问题。经过漫长的调查,发现他违规审批了一位同事的巨额发票违规报销,在管理上则是独断专行,任人唯亲,违反了有关管理规定。可惜对郑总没有直接劝退,因为公司领导里有人出面保了他,只对他进行了训诫谈话,影响了以后他在公司的晋升。随后两个月,郑总就被公司降职,离开了部门。

张骏很快就找到了新的奋斗方向,新的赛道,要开始新的奋斗篇章,但郑总则丢掉了职业发展大好前程。

如果张骏可以更加圆滑一些,也许会爬到更高的位置,但却免不了丢掉了做人的底线,长期看还是弊大于利。

后　记

　　笔者的公众号是"姜阳汇",基本都是原创,平时有什么感想和观点就在公众号上发发,以文会友,广交天下朋友。

　　笔者是一个有情怀的人,希望可以通过自己的经历和经验帮到别人,让别人少走弯路,也是功德一件。